ÇA CHANGE DES COQUILLETTES !

Remerciements :

Nous tenons à remercier pour leur contribution à cet ouvrage :
Jean-Louis Broust, Damien Hervé, Brigitte Legendre, Laure Maj, Karine Marigliano, Nadège Michelotto, Christine Moubinous pour Fujiyama, Anaïs Roué, Marjorie Seger, Véronique Sem, Marie-France Wolfsperger.

Et aussi : Claire Debruille, Christophe Duhamel, Cécile Humbert, Lucie Pezavant, Marina Travert et l'ensemble des Marmitonautes qui, pour notre plus grand bonheur, contribuent chaque jour à Marmiton.

Directrice de collection : **Clémence Meunier**
Mise au point de la maquette : **Sarah Bruey**
Éditrice : **Audrey Génin**
Correctrice : **Maud Foutieau**

33 rue du Petit-Musc
75004 Paris
www.playbac.fr
Modèle déposé Play Bac

Isbn : 9 7828096 47853
Dépôt légal : septembre 2012

MIX Paper from responsible sources FSC® C057358

Imprimé en Slovénie par Gorenjski Tisk sur papiers issus de forêts gérées durablement.

ÇA CHANGE DES COQUILLETTES !

CRÉATION
playBac

SOMMAIRE

INTRODUCTION

Qu'est-ce qu'on mange ce soir ? Pas d'idées, pas de temps, pas envie de vous embarquer dans une recette compliquée ?

Dans votre cuisine, les jours se suivent et se ressemblent, avec souvent la même conclusion : des pâtes. Les pâtes, vous adorez ça, ce n'est pas le problème, mais au bout d'un moment, vous en avez ras la coquillette... Pas de panique, Marmiton est là et vous a concocté une sélection de recettes rapides, faciles, gourmandes, légères... Avec ce que vous avez dans le placard, si vous n'avez pas grand-chose et pas envie de sortir faire les courses.

Vous allez voir, des bons petits plats en un clin d'œil, c'est plus facile qu'il n'y paraît. En plus, la cuisine, il n'y a rien de tel pour déstresser et oublier les petits tracas de la journée. Gageons que cela va devenir votre petit plaisir quotidien !

JE N'AI PAS BEAUCOUP DE TEMPS

Quel plaisir de retrouver son petit chez soi après une journée harassante à courir partout ! Seule ombre au tableau, il est 19 h 30, vous passez à table à 20 heures et aux dernières nouvelles, personne n'a eu la bonne idée de se mettre aux fourneaux pour que vous n'ayez qu'à mettre les pieds sous la table.

Il ne manquerait plus que vous ayez des invités ! Une solution ? Mettez Marmiton dans votre cuisine et préparez un bon dîner en moins de temps qu'il ne faut pour le dire.

Blancs de poulet (4)
Miel liquide (2 c. à soupe)
Curry en poudre (2 c. à soupe)
Cumin (1 c. à soupe)
Graines de sésame (2 c. à soupe)

- Huile d'olive (10 cl)
- Moutarde (2 c. à soupe)
- Sel, poivre

recette proposée par
Pasca

BROCHETTES DE POULET EXPRESS AUX ÉPICES

Pour 4 personnes
Préparation 10 min - Cuisson 10 min
+ Repos 10 min
Très facile
Coût

Top des avis :

" Recette devenue incontournable ! **J'ajoute parfois des morceaux de poivron et d'oignon.** " Pikoumi

" Succès monumental, le plat a été dévoré en moins de deux. **J'ai servi ces brochettes avec des carottes, des oignons confits (avec du curry) et de la semoule.** "
Kutya

" C'était excellent ! **Bien laisser mariner la viande pour qu'elle soit tendre et le tour est joué.** Recette simple qui donne un brin d'exotisme dans la cuisine ! Mes amis ont adoré ! "
Carmillas

Astuce : Pour plus de sauce, ajoutez la totalité de la marinade pendant la cuisson des brochettes.

1. **Coupez les blancs de poulet en dés.**
2. Dans un saladier, **mélangez tous les autres ingrédients puis plongez-y les dés de poulet.**
3. **Laissez mariner** une dizaine de minutes minimum (l'idéal étant plusieurs heures).
4. **Réalisez 4 brochettes.**
5. **Faites cuire les brochettes dans une poêle 10 min avec 2 c. à soupe de marinade.** Ajoutez un peu plus de curry si vous aimez. Retournez les brochettes régulièrement pour qu'elles soient dorées sur toutes les faces. Augmentez légèrement le feu pour un aspect caramélisé.
6. Servez ces brochettes, parsemées de graines de sésame, avec du couscous aux épices ou une simple salade verte !

recette proposée par
Martine95

COCOTTES DE THON

Pour 2 personnes
Préparation 10 min
Cuisson 20 min
Très facile
Coût

1. **Émincez l'oignon puis faites-le rissoler dans de l'huile d'olive.**
2. Dès qu'il est doré, **ajoutez le poivron coupé en lanières, la boîte de thon avec son jus, les tomates pelées et une pincée de piment. Salez et poivrez.**
3. **Laissez cuire 10 min à couvert puis 10 min à découvert** pour faire réduire le jus.
4. Servez dans des cocottes individuelles.

Top des avis :
" **J'ai remplacé le piment par du Tabasco et c'était délicieux !** Pas forcément très présentable en l'état, mais c'est le goût qui compte ! "
Isabelle_5180

" **Dé-li-ci-eux et light ! J'ai utilisé des tomates fraîches et remplacé le piment par des herbes de Provence.** À la fin de la cuisson, j'ai rajouté de la crème fraîche allégée et des pommes de terre vapeur. " Alexandra_1274

" Très bonne recette, facile et qui remporte beaucoup de succès ! **Je l'ai servie avec de la semoule quinoa/épeautre.** "
Framboise

Astuce : Si vous accompagnez ce plat de riz, faites-le cuire directement dans le jus des tomates.

Thon au naturel (1 boîte)
Poivron (1)
Tomates pelées (800 g)
Piment de Cayenne en poudre

• Oignon (1) • Huile d'olive
• Sel, poivre

Fromage de chèvre
(1 bûche, soit 150 g)

Pâte feuilletée
(1 ou 2 rouleaux)

Pomme golden ou poire williams (1)

- Jaune d'œuf (1)
- Ciboulette ou herbes de Provence

recette proposée par
Horus

FEUILLETÉS AU CHÈVRE ET AUX POMMES

Pour 4 personnes
Préparation 20 min - Cuisson 15 min
Très facile
Coût

Top des avis :

“ **Recette très jolie visuellement et très bonne avec une salade verte et quelques pignons de pin.** Toute la famille s'est régalée ! ” Magalie_236

“ Une entrée que je fais régulièrement, tout le monde adore. **Excellent aussi avec du miel sur le chèvre à la place des herbes.** ” Tortue10

Astuce : Pour faire joli, vous pouvez saupoudrer le dessus des feuilletés de graines de sésame ou de pavot, mais si vous n'en avez pas, un peu d'herbes de Provence feront l'affaire.

Préparer une pomme

1. Préchauffez le four à 180 °C.
2. **Découpez 8 disques dans la pâte feuilletée** (à l'aide d'un verre ou d'un bol).
3. **Coupez 4 rondelles de fromage de chèvre** de 1,5 à 2 cm de large.
4. **Coupez 4 rondelles de pomme ou de poire** (enlevez d'abord la peau et les pépins).
5. Réalisez une sorte de hamburger de la façon suivante : **sur un disque de pâte, déposez une rondelle de pomme puis une rondelle de chèvre, parsemez de ciboulette ciselée ou d'herbes de Provence et recouvrez le tout avec un disque de pâte.**
6. **Collez les disques de pâte** en humectant légèrement les bords avec de l'eau. **Badigeonnez le dessus avec le jaune d'œuf battu.**
7. **Enfournez les feuilletés pour 15 min** jusqu'à ce que la pâte soit dorée et cuite. Servez chaud avec une salade verte.

FLAMMENKÜCHE EXPRESS

Pour 4 personnes
Préparation 15 min
Cuisson 5 à 10 min
Très facile
Coût

1. Préchauffez le four à 250 °C.
2. Épluchez et **hachez finement l'oignon.**
3. **Étalez la pâte sur une plaque** recouverte de papier sulfurisé. **Étalez la crème fraîche. Parsemez les lardons puis l'oignon haché. Terminez par le fromage râpé.**
4. **Enfournez pour 5 à 10 min** jusqu'à ce que le fromage soit légèrement doré.
5. Servez avec une salade.

Top des avis : "**On peut ajouter aussi des champignons ou du jambon blanc.** Je fais toujours revenir les oignons à la poêle avant avec du beurre ou de l'huile d'olive. Le succès est garanti ! " Laura18

"Rapide et simple. Tout le monde a aimé ! **Attention, elle cuit très vite ! Surveillez la cuisson !** " Virginie_992

Éplucher un oignon

Astuce : Parfumez cette flammenküche avec un peu de noix de muscade.

Pâte feuilletée (1 rouleau)

Lardons allumettes nature (100 g)

Gruyère râpé (150 g)

- Oignon (1)
- Crème fraîche épaisse (15 cl)

Pâtes type torsades (300 g)
Tomates cerise (250 g)
Parmesan frais râpé (100 g)
Basilic frais (1 bouquet)

• Ail (2 gousses) • Huile d'olive
• Sel, poivre

recette proposée par
Sarah_30

SALADE DE PÂTES AUX TOMATES CERISE, BASILIC ET PARMESAN

Pour 6 personnes
Préparation 10 min
Cuisson 8 min
Très facile
Coût

1. **Faites cuire les pâtes** puis égouttez-les et passez-les sous l'eau froide pour éviter qu'elles ne collent.
2. **Coupez les tomates cerise en deux.**
3. Dans un saladier, **mélangez les pâtes refroidies, les tomates cerise, le basilic ciselé finement et le parmesan.**
4. **Assaisonnez avec de l'huile d'olive, du sel et du poivre ainsi que les 2 gousses d'ail écrasées.** Vous pouvez ajouter quelques feuilles de roquette.

Top des avis :
" Vite fait, bien fait ! **J'ai simplement ajouté quelques olives vertes coupées en deux, de la feta et des dés de jambon afin d'avoir un repas complet.** "
ReineDesFleurs

" **J'ai ajouté des allumettes de volaille,** c'est simple comme recette et c'est un régal. Merci. "
Nadege_369

Chips de parmesan

Astuce : Pour un repas plus complet, vous pouvez agrémenter cette salade de jambon cru ou de crevettes cuites décortiquées.

recette proposée par
Agathe

GNOCCHIS AU SAINT-MARCELLIN

Pour 2 personnes
Préparation 5 min
Cuisson 1 min
Très facile
Coût

❶ **Découpez le Saint-Marcellin en tout petits morceaux.**

❷ Si vous achetez vos gnocchis sous-vide en grande surface, **plongez-les dans de l'eau bouillante salée.** Quand ils remontent à la surface, égouttez-les. S'ils sont frais, il suffit parfois de les faire revenir à la poêle.

❸ **Quand les gnocchis sont chauds, mélangez-les, hors du feu, avec les fromages et la crème fraîche jusqu'à ce que la sauce soit bien onctueuse.**

Top des avis : " Nous avons bien aimé cette recette. **J'ai rajouté un peu de jambon italien, du poivre, de l'ail et des herbes de Provence.** " Karen_288

" Cette recette est simplissime... Moi qui ne savais pas comment rendre mes gnocchis appétissants. **Je rajoute du jambon cru préalablement séché au four (ou du bacon) pour un plat complet.** " Cruella57

" **La sauce est top et d'une incroyable simplicité.** Qui l'aurait cru ? Merci pour cette recette ! " Candeur

Astuce : Servez ces gnocchis en accompagnement d'une viande grillée.

Gnocchis frais (250 g) Saint-Marcellin (½)

- Gruyère râpé (1 poignée)
- Crème liquide (10 cl)

Pains à hamburger (4)
Steaks hachés (4)
Fromage type cheddar (4 toastinettes)

• Oignon (1) • Tomate (1) • Salade • Moutarde • Ketchup • Huile d'olive

HAMBURGER MAISON

Pour 4 personnes
Préparation 15 min
Cuisson 10 min
Très facile
Coût

Top des avis :

« Comme je n'avais pas de pain à hamburger, **j'ai utilisé une ciabatta industrielle à cuire au four.** C'était nickel ! »
Sophie_5244

« **Passez les moitiés de petits pains au four pendant 1 min ou 2 (attention à ne pas les brûler) avant de les tartiner de moutarde/ketchup (ou tout autre sauce) et c'est encore meilleur.** Une autre solution consiste à ne pas trop cuire les steaks et de passer les hamburgers quelques minutes au four une fois assemblés. »
Hanwylyd

« On peut varier la recette à loisir et même garnir les hamburgers en fonction des préférences de chacun. On adore ! **Avec des frites maison, c'est parfait !** »
Manue9

Astuce : Remplacez les toastinettes par des lamelles de comté ou de gruyère suisse.

1. Dans une poêle, **faites revenir l'oignon émincé** à feu doux dans un peu d'huile d'olive.
2. **Ajoutez les steaks et faites-les cuire selon les goûts.**
3. **Une fois les steaks saisis, posez 1 tranche de cheddar sur chacun** et laissez-la fondre.
4. **Coupez les pains en deux puis tartinez-les d'un mélange de moutarde et de ketchup.**
5. **Déposez les steaks avec le fromage sur une moitié de chaque pain et ajoutez quelques rondelles d'oignons.**
6. **Ajoutez une petite feuille de salade et une ou deux rondelles de tomate puis refermez les hamburgers** avec les moitiés de pain restantes.

recette proposée par
Zora

MOUSSAKA RAPIDE

Pour 4 personnes
Préparation 15 min
Cuisson 20 min
Très facile
Coût

❶ **Coupez les aubergines en fines tranches et faites-les cuire dans une friteuse** jusqu'à ce qu'elles soient bien molles (comptez environ 5 min) puis déposez-les sur du papier absorbant et saupoudrez-les d'un peu de sel.

❷ **Faites revenir l'oignon émincé dans un peu d'huile d'olive.**

❸ **Ajoutez les steaks et séparez bien la chair à l'aide d'une cuillère en bois.**

❹ Quand la viande est dorée, **détaillez les tomates en petits dés et déposez-les dans la poêle avec le basilic. Remuez bien puis ajoutez le concentré de tomates, le bouillon, 12 cl d'eau et le gruyère sans cesser de remuer. Laissez cuire à feu doux pendant 5 min. Salez et poivrez.**

❺ **Dans un plat à gratin, tapissez le fond avec les aubergines puis recouvrez avec la viande. Ajoutez une dernière couche d'aubergines. Émiettez dessus la feta et enfournez la moussaka en position gril** pour environ 5 min.

Top des avis :
" Une super recette ! **Faite sans feta, avec du gruyère râpé et des rondelles de chèvre sur le dessous, un régal à chaque fois !** "
Soraya_72

" Essai plus que réussi, nous nous sommes régalés ! **On mettra plus de feta la prochaine fois... Par gourmandise !** "
Fmir03

Préparer une aubergine

Astuce : Pour encore plus de rapidité, achetez des aubergines en tranches grillées surgelées.

Steaks hachés (6)
Aubergines (5 grosses)
Feta (20 g)
Tomates un peu molles (4)

• Gruyère râpé (10 g) • Concentré de tomates (2 c. à soupe) • Oignon (1 gros) • Basilic haché (2 c. à soupe) • Bouillon de bœuf (facultatif mais si incorporé, mettre très peu de sel, 1 cube) • Huile de friture • Huile d'olive • Sel, poivre

Pâtes type coudes rayés ou tortis (600 g)
Poivrons rouges (2)
Poivron vert (1)
Chèvre type sainte-maure (½ bûche)

- Crème fraîche (250 g)
- Herbes de Provence
- Huile d'olive
- Sel, poivre

PÂTES AUX POIVRONS ET AU CHÈVRE

Pour 4 personnes
Préparation 15 min
Cuisson 25 min
Très facile
Coût

Top des avis :
" Super bon ! J'ai mis une bûchette entière et ce n'était pas de trop. **J'ai remplacé les herbes de Provence par du thym pour faire ressortir le goût du chèvre.** "
Stéphanie_4301

" Cette recette était délicieuse ! **Je n'ai mis que 2 poivrons, 1 bûche de chèvre entière, 1 oignon et des champignons, tout le monde a adoré et en a repris !** " Aurélie_2840

Astuce : Pour un plat encore plus gourmand, ajoutez des lanières de jambon cru et quelques pignons de pin.

Préparer un poivron

1. **Lavez et épépinez les poivrons puis coupez-les en dés.**
2. **Faites-les revenir** dans une casserole avec un peu d'huile d'olive. Salez, poivrez et parsemez d'herbes de Provence.
3. Baissez le feu et **laissez les poivrons confire pendant 10 min.**
4. **Faire cuire les pâtes** dans une grande casserole d'eau bouillante salée (le temps indiqué sur le paquet). Égouttez-les.
5. **Ajoutez le chèvre coupé en petits morceaux et la crème fraîche dans la poêle. Laissez cuire 2 min en remuant.**
6. **Mélangez la sauce aux poivrons et les pâtes puis servez.**

recette proposée par
Bichou

TARTINES EXPRESS AU FOUR

Pour 2 personnes
Préparation 10 min
Cuisson 10 min
Très facile
Coût

1. Préchauffez le gril du four.
2. **Faites revenir les lardons et l'oignon émincé dans une poêle.**
3. Pendant ce temps, **coupez la baguette de pain** en deux dans le sens de la largeur puis encore en deux dans le sens de la longueur.
4. Dans un récipient, **mélangez la crème fraîche avec du sel et du poivre.**
5. **Nappez chaque demi-baguette de crème. Disposez les lardons et l'oignon dessus puis parsemez de gruyère.**
6. **Placez les demi-baguettes sur une plaque allant au four et enfournez sous le gril** durant quelques minutes, le temps que le gruyère fonde.

Top des avis :

" **On peut faire la même chose à la manière d'une pizza :** pain + tomate + jambon, etc. C'est top ! " Lisaclara

" Très bonne recette, **j'ai juste mis du jambon blanc à la place des lardons car je n'en avais plus, mais c'est très bon.** Cette recette a bien plu à mes parents avec une bonne salade ! Merci. " Kikour

" Vite fait, bien fait ! **J'ai simplement mis une toastinette de fromage,** parfait ! " Tsetse35

Astuce : Proposez ces « tartines » en bouchées pour un apéritif.

Pain
(1 baguette)
Lardons (100 g)

• Oignon (1) • Crème fraîche (100 g) • Gruyère râpé (50 g) • Sel, poivre

Asperges vertes (1 botte)
Coppa (80 g, tranchée finement)
Parmesan (50 g)

- Vinaigre balsamique (2 c. à soupe)
- Huile d'olive

recette proposée par
FrenchyEve

POÊLÉE D'ASPERGES VERTES ET COPPA

Pour 4 personnes
Préparation 5 min
Cuisson 15 min
Facile
Coût

Top des avis :

“ Vraiment très bon, **une manière facile et rapide d'utiliser les asperges.** Merci pour cette recette. ” Celinelefeuvre

“ **Le mélange des saveurs est bien équilibré.** Je recommande. ”
Tamtam99

“ Super recette facile à réaliser ! **J'ai utilisé du jambon cru à la place de la coppa et c'était vraiment délicieux.** À refaire ! ”
Valérie_2557

Astuce : Remplacez la coppa par des tranches de magret fumé et servez parsemé de pignons de pin grillés et de basilic frais.

Préparer les asperges

1. **Coupez les asperges vertes crues en tronçons de 2 cm environ** (il n'est pas nécessaire de les éplucher). Gardez les pointes de côté.
2. Dans une poêle chaude, **faites revenir les tronçons d'asperges dans un peu d'huile d'olive à feu vif.**
3. Au bout de 5 min, **ajoutez la coppa taillée en lanières et les pointes d'asperges. Poursuivez la cuisson 5 à 10 min :** les asperges doivent rester croquantes.
4. **Arrosez avec le vinaigre balsamique** puis répartissez les asperges et la coppa dans les assiettes.
5. **Parsemez chaque assiette de copeaux de parmesan puis servez.**

recette proposée par
Benedicte_111

POISSON AU CURRY EXPRESS

Pour 4 personnes
Préparation 2 min
Cuisson 10 min
Très facile
Coût

1. Dans une sauteuse ou une poêle, **faites chauffer à feu doux l'huile, l'ail pilé et le curry pendant 2 min.**
2. **Déposez les filets de poisson congelés. Laissez-les cuire 4 min** puis retournez-les.
3. **Versez le lait de coco, salez puis laissez cuire encore 4 à 5 min.**

Top des avis :

" Super rapide et super bon. Recette extra ! **Ma petite touche perso : un demi-bouillon de légumes et une pincée de noix de muscade.** "
Pitoun77

" Très bon ! **Le curry et le lait de coco donnent du goût.** Même les enfants ont adoré ! "
Anne_4429

Préparer de l'ail

Astuce : Ajoutez quelques bâtonnets de carotte ou des dés de potiron et laissez cuire 5 à 10 min supplémentaires.

Filets de colin surgelés (4)

Lait de coco (20 cl)

Curry en poudre (2 grosses c. à soupe)

• Ail (2 gousses) • Huile de tournesol (3 c. à soupe) • Sel

Spaghettis (500 g)
Lardons (250 g)
Parmesan (60 g)

- Œufs (6)
- Sel, poivre

PÂTES À LA CARBONARA

Pour 6 personnes
Préparation 5 min
Cuisson 15 min
Très facile
Coût

1. **Faites cuire les pâtes** dans une grande casserole d'eau salée, le temps indiqué sur le paquet.
2. Pendant ce temps, **cassez les œufs dans un récipient, ajoutez le parmesan râpé et battez le tout. Salez et poivrez.**
3. **Faites rissoler les lardons.**
4. **Une fois les pâtes cuites, égouttez-les,** mais pas trop (gardez un peu d'eau de cuisson) puis remettez-les dans la casserole.
5. **Versez les lardons et la graisse de cuisson sur les pâtes et faites chauffer le tout à feu très doux. Versez la préparation œufs-parmesan en remuant sans arrêt** pendant quelques instants.
6. Servez avant que les œufs ne cuisent trop.

Top des avis :

" Délicieux ! **J'ai ajouté quelques pointes d'asperges vertes et un trait de vinaigre balsamique,** c'était vraiment bon. " Cookies136

" **J'ai utilisé du gruyère râpé et 1 c. à soupe de crème fraîche !** C'était parfait ! " Anthony651

" Bonne recette, rien à dire sur les proportions. **Mieux que des lardons, prenez de la pancetta et du pecorino à la place du parmesan.** " Mabon

Astuce : Parsemez les pâtes d'un peu de persil juste avant de servir.

recette proposée par
Coco

POULET AUX OIGNONS ULTRA FACILE

Pour 4 personnes
Préparation 5 min
Cuisson 15 à 20 min
Très facile
Coût

1. Préchauffez le four à 175 °C.
2. **Disposez les blancs de poulet dans un plat allant au four.**
3. **Salez, poivrez, saupoudrez le sachet de soupe** par-dessus **et arrosez de crème fraîche liquide.**
4. **Enfournez pour 15 à 20 min.**

Top des avis :
" Très bonne recette que je réalise depuis longtemps. **Par contre, avant de mettre au four, j'ajoute du gruyère râpé, c'est délicieux.** "
Bobinette68

" Vraiment très bon. Pourrait convenir à tous les types de viande. **À essayer aussi avec du poisson.** "
Anonyme

Astuce : Saupoudrez le tout d'un peu de chapelure pour faire gratiner.

Blancs de poulet ou escalopes de dinde (4)

Soupe à l'oignon gratinée (1 sachet)

- Crème fraîche liquide (20 cl)
- Sel, poivre

Crevettes roses (300 à 400 g)
Curry (2 c. à café)

- Crème fraîche (15 cl)
- Huile d'olive (2 c. à café)

CREVETTES AU CURRY EXPRESS

Pour 2 personnes
Préparation 15 min
Cuisson 5 min
Très facile
Coût

❶ **Décortiquez les crevettes.**

❷ **Faites-les revenir** très rapidement dans l'huile d'olive **en les saupoudrant de curry.**

❸ **Ajoutez la crème et mélangez** le tout. Servez immédiatement avec du riz thaï.

Top des avis :

" Recette simple, rapide et franchement délicieuse. **Je n'avais plus de curry, j'ai pris du curcuma et c'était tout aussi bon.** Pourquoi se compliquer la vie quand on peut faire simple ? "Fabistatou

" Nickel pour les soirs de flemme. **Avec du lait de coco, ça donne un petit côté exotique pas mauvais du tout.** "
Drey78

Décortiquer des crevettes crues

Astuce : Vous pouvez agrémenter vos crevettes de coriandre fraîche.

recette proposée par
Delphine_366

RAVIOLIS AUX FROMAGES SUR UN LIT D'ÉPINARDS

Pour 2 personnes
Préparation 15 min - Cuisson 20 min
Très facile
Coût

Top des avis :
" Toute la famille était enchantée. **J'ai pris du raifort pour la sauce.** "
Flapi

" C'est simple et c'est bon. **J'ai pris des tortellinis au fromage sec** et c'est très bien aussi. " Bloody_1

" Cette recette est vraiment une réussite : **simple, rapide et délicieuse.** Merci. "
Gaelle_229

Astuce : Variez les plaisirs en remplaçant le roquefort par du chèvre.

1. **Faites cuire les raviolis dans de l'eau salée pendant 8 min.**
2. Pendant ce temps, **faites décongeler au micro-ondes les galets d'épinards pendant 8 min.**
3. **Dressez les épinards au centre de deux assiettes puis répartissez les raviolis** autour.
4. Dans un bol, **mettez la crème fraîche et le roquefort puis faites chauffer** au micro-ondes pendant 2 min. Mélangez, salez et poivrez.
5. Terminez le dressage **en nappant les assiettes de la crème au roquefort.**

Raviolis frais aux quatre fromages (300 g)
Épinards surgelés à la crème (500 g)
Roquefort (50 g)

- Crème fraîche (25 cl)
- Sel, poivre

Lentilles (250 g)
Saucisses sèches à cuire (4 petites)
Lard fumé (500 g)

• Laurier (1 feuille) • Ail (1 gousse) • Sel, poivre

recette proposée par
Rachel_19

SAUCISSES AUX LENTILLES

Pour 4 personnes
Préparation 5 min
Cuisson 15 min
Très facile
Coût

❶ **Dans une cocotte-minute, versez de l'eau à mi-hauteur.**

❷ **Ajoutez tous les ingrédients** et mettez à chauffer. **À partir de la mise en rotation de la soupape, comptez 15 min de cuisson.**

❸ Servez.

Top des avis :

" Très facile, rapide et très bon. **J'ai rajouté 2 carottes et quelques petites pommes de terre, les enfants ont adoré.** "
Severine_315

" Très bon tel quel. **On peut aussi mettre une autre variété de saucisses, comme des chipolatas ou des saucisses de Toulouse, à condition de les faire revenir avant.** "
Anonyme

" Recette rapide et délicieuse ! **J'ai utilisé des diots de Savoie en guise de saucisses, c'était encore meilleur !** "
Juliette_325

Astuce : Pour encore plus de saveurs, ajoutez 1 oignon piqué de 2-3 clous de girofle.

TAGLIATELLES AU CURRY

Pour 4 personnes
Préparation 5 min - Cuisson 5 min
Très facile
Coût

Top des avis :

" Délicieux ! Je ne suis pas fan de curry, mais là, c'était super bon ! **J'ai mis beaucoup de curry et du piment doux en poudre pour donner du goût.** Mettre aussi beaucoup de crème fraîche car les tagliatelles absorbent pas mal… " Fabienne_1599

" Je n'ai pas mis de raisins secs, par contre, **j'ai mis plus de curry !** " Laure_49

" Très rapide et délicieux ! **On a ajouté des petits morceaux de dinde et c'était parfait.** " David_97

Astuce : Vous pouvez ajouter 1 oignon émincé et légèrement doré à la poêle.

1. **Faites cuire les tagliatelles** dans un grand volume d'eau bouillante salée pendant 2 à 3 min.
2. Pendant la cuisson, **faites chauffer tous les autres ingrédients dans une petite casserole.**
3. **Égouttez les pâtes.**
4. **Versez-les dans un saladier et ajoutez la sauce.**
5. Mélangez et dégustez bien chaud.

Tagliatelles fraîches (500 g)
Curry doux (3 c. à soupe)
Raisins secs tendres (4 c. à soupe)

- Crème fraîche (20 cl)
- Sel, poivre

Ravioles du Dauphiné
(1 paquet)
Pâte feuilletée
(1 rouleau)

- Crème liquide (15 à 20 cl)
- Fromage râpé (50 g)

recette proposée par
Chacou

TARTE AUX RAVIOLES

Pour 4 personnes
Préparation 10 min - Cuisson 25 min
Très facile
Coût

Top des avis :

" Excellente recette ! **J'ai émietté du saumon fumé (4 tranches) sur la pâte.** Un vrai délice. Merci pour cette recette ultra rapide. "
AnneMarie_955

" Très facile à faire et délicieuse. **J'avais pris des ravioles aux cèpes. À refaire sans hésiter.** "
Jacqueline_921

" Très appréciée ! **J'ai ajouté moutarde, lardons fins et parmesan en copeaux.** "
Goussy

Astuce : Déposez sur la pâte, avant les ravioles, des tranches de jambon blanc ou cru.

1. Préchauffez le four à 180 °C.
2. **Étalez la pâte sur un moule à tarte.** Piquez-la avec une fourchette.
3. **Faites précuire la pâte au four :** comptez environ 5 min.
4. **Sortez la pâte du four, déposez les ravioles dessus,** il n'est pas nécessaire de les séparer : mettez les plaques telles quelles sauf pour ajuster sur les côtés.
5. **Versez la crème dessus et terminez par le fromage râpé.**
6. **Enfournez pour 20 min** à 180 °C en surveillant la cuisson : la pâte doit être bien colorée.

J'AI ENVIE DE MANGER LIGHT

Qui a dit que « légèreté » rimait avec morosité ?
Rassurez vos papilles, avec Marmiton la légèreté se conjugue en gourmandise. La preuve en 17 recettes plus alléchantes les unes que les autres pour des dîners légers et bons qui n'auront rien à envier à leurs compères plus riches.

D'ailleurs, si vous ne le dites pas, il y a fort à parier que tout le monde n'y verra que du feu. Léger ? Non, c'est pas possible, c'est trop bon ! Et pourtant si.

ROULADE DE SAUMON FUMÉ AUX ASPERGES

Pour 4 personnes
Préparation 15 min - Cuisson 15 min
Très facile
Coût

Top des avis :
“ C'est super bon et facile. **J'ai remplacé la moitié du chèvre par de la ricotta,** cela coupe peut-être le côté trop salé du chèvre. Je referai ! Merci ! ”
Agnès2009

Astuce : Servez accompagné d'une salade de mâche.

Préparer les asperges

1. Préchauffez le four à 180 °C.
2. **Égouttez les asperges.** Mettez le jus de cuisson de côté.
3. **Déposez 3 asperges sur chaque tranche de saumon, roulez-les** et disposez-les dans un grand plat à gratin ou dans des petits plats individuels.
4. Dans un saladier, **écrasez le fromage de chèvre avec une fourchette, ajoutez 4 c. à soupe de jus des asperges, le persil et la crème liquide.** Poivrez (ne salez pas). Fouettez afin d'obtenir une sauce onctueuse. **Ajoutez les crevettes.**
5. **Nappez les roulades de sauce.**
6. **Enfournez pour 15 min.**

Asperges vertes
(1 boîte de 220 g)
Saumon fumé
(4 grandes tranches)
Chèvre frais (200 g)
Crevettes cuites décortiquées (100 g)
Persil haché
(1 c. à soupe)
• Crème liquide (20 cl)
• Poivre

Potiron
(1 kg)

• Œufs (2)
• Lait écrémé en poudre (3 c. à soupe) • Fromage râpé
• Muscade (1 pincée)
• Sel, poivre

GRATIN DE POTIRON MINCEUR

Pour 4 personnes
Préparation 30 min
Cuisson 25 min
Très facile
Coût

1. **Pelez le potiron et coupez-le en gros dés.**
2. **Faites cuire les dés de potiron à la vapeur** dans le panier d'une cocotte (15 min sous pression).
3. **Égouttez-les puis écrasez-les avec une fourchette.**
4. Préchauffez le gril du four.
5. **Battez légèrement les œufs et le lait en poudre. Incorporez cette préparation à la purée de potiron puis salez, poivrez et saupoudrez de muscade.**
6. **Versez la purée de potiron dans un plat à gratin, parsemez de fromage râpé et faites gratiner sous le gril du four** jusqu'à obtenir une jolie couleur dorée.

Top des avis :

“ Très bon en accompagnement d'une viande. **Pour solidifier un peu le tout, on peut ajouter 2 ou 3 biscottes réduites en poudre.** ”
Isa29

“ J'utilise du lait liquide et, **pour relever le goût, j'ajoute 1 gousse d'ail et du persil hachés menu.** ”
Kralice

Faire rôtir des graines de potiron

Astuce : Ajoutez 2 pommes de terre et 2 carottes à votre potiron pour faire une purée plus dense.

recette proposée par
Stephanie_87

ÉMINCÉ DE POULET AU CITRON FACILE

Pour 2 personnes
Préparation 15 min - Cuisson 10 min
Très facile
Coût

Top des avis :

" **Très bon, l'important est le dosage des épices qui se marient avec le jus de citron.** Après, j'ai déglacé avec le jus restant et mon mari a adoré. Merci. " Toupie2013

" Recette sympa, rapide et appréciée de toute ma tablée. **J'ai ajouté une petite cuillerée de miel à la marinade et l'ai ajoutée au poulet revenu préalablement dans un peu d'huile d'olive.** "
Micheline

Astuce : Pour une viande encore plus tendre, laissez-la mariner au moins 1 h.

Presser un citron sans presse-agrumes

1. **Découpez les blancs de poulet en longues et fines lamelles.**
2. **Saupoudrez-les généreusement de toutes les épices** (sel, poivre, piment, paprika) puis mettez-les dans un petit récipient et arrosez-les de jus de citron. Mélangez bien et laissez mariner.
3. Pendant ce temps, **hachez l'oignon et faites-le revenir** dans une poêle avec un peu d'huile.
4. Lorsque l'oignon a une belle couleur ambrée, **égouttez le poulet (sans l'essuyer) et faites-le revenir avec l'oignon dans la poêle.** Si les lamelles sont bien fines, quelques minutes suffisent.
5. Servez, accompagné de salade ou de riz blanc.

Blancs de poulet (2)
Le jus de 2 citrons
Paprika
Piment en poudre

• Oignon (1) • Huile d'olive
• Sel, poivre

Filet mignon de porc (1, de 700-800 g)

Courgettes (1 kg)

Raisins secs (75 g)

Bouquet garni (1)

- Bouillon de volaille dégraissé (10 cl)
- Ail (1 gousse)
- Beurre (30 g)
- Huile d'olive (2 c. à soupe)
- Sel, poivre

recette proposée par
Mamieconfiote

FILET MIGNON DE PORC AUX COURGETTES

Pour 4 personnes
Préparation 20 min
Cuisson 35 min
Très facile
Coût

Top des avis :

“ Un régal. Les courgettes sont très parfumées, la viande tendre à souhait. **J'ai ajouté un oignon émincé en faisant revenir le filet mignon.** ” Magali_1286

“ Très bon ! Pour ma part, **j'ai ajouté de la cannelle, ça donne un petit côté exotique.** ” Celinouuu33

“ Très bien ! **J'ai piqué le filet de porc avec de l'ail et remplacé le bouillon de volaille par un bouillon de légumes.** À refaire ! ” Mutide

Astuce : Remplacez les raisins secs par des pruneaux.

Préparer une courgette

1. Épluchez les courgettes. **Coupez-les en tronçons ou en gros bâtonnets** de 5 cm de longueur.
2. Dans une cocotte, **faites revenir le filet mignon** dans le mélange huile d'olive et beurre.
3. Lorsqu'il est bien doré, **ajoutez les courgettes, l'ail écrasé, les raisins secs, le bouquet garni et le bouillon de volaille.**
4. **Salez et poivrez. Mélangez bien, couvrez et laissez cuire 25 min** à feu doux.
5. Découpez le filet mignon en tranches fines.
6. **Dressez-les sur un grand plat entouré de la garniture de courgettes et de raisins** puis servez avec de la semoule de couscous cuite à la vapeur.

recette proposée par
Anette_3

FILETS DE SOLE EN NID DE TOMATES

Pour 4 personnes
Préparation 20 min - Cuisson 15 min
Très facile
Coût

Top des avis :

" Vraiment très bon. J'ai utilisé des tomates crues que j'ai évidées et j'ai mélangé la pulpe avec du riz. **J'ai remplacé le beurre par un peu de crème allégée sur chaque filet.** " Marine_324

" **Excellent, surtout avec des tomates pas trop mûres.** J'ai essayé et toute la famille a apprécié. " Angélique_126

" **Facile à faire, léger, très agréable** pour les yeux et vraiment délicieux ! " Emmanuelle_104

Astuce : C'est encore meilleur servi avec une petite purée de pommes de terre mélangée à une bonne quantité de cerfeuil frais haché.

Préparer une sole

1. Préchauffez le four à 150 °C.
2. **Plongez les tomates 20 s dans de l'eau bouillante puis enlevez leur peau. Ensuite coupez le dessus des tomates et videz-les.**
3. **Rangez les tomates dans un plat creux allant au four. Salez légèrement et poivrez l'intérieur des tomates** avant d'y déposer une belle feuille de basilic frais.
4. **Parsemez chaque filet de sole de ½ c. à soupe de persil frais haché, salez légèrement et poivrez puis roulez les filets et déposez-les dans chaque tomate.**
5. **Coupez 50 g de beurre en morceaux et répartissez-les sur les tomates.**
6. **Enfournez pour 15 min.** Sortez le plat du four et **déposez le reste du beurre** coupé en morceaux sur les filets bien chauds.

Sole (8 filets)
Tomates fermes (8)
Beurre demi-sel (100 g)
Basilic frais (8 feuilles)
Persil haché (4 c. à soupe)

- Sel, poivre du moulin

Chou-fleur (1)

Jambon (1 tranche épaisse, soit 100 g)

• Œufs (3) • Lait écrémé (50 cl) • Maïzena (3 c. à soupe) • Gruyère râpé (selon les goûts) • Noix de muscade • Huile • Sel, poivre

recette proposée par
Celine1212

GRATIN DE CHOU-FLEUR LÉGER

Pour 4 personnes
Préparation 15 min - Cuisson 30 min
Très facile
Coût

Top des avis :

" C'est bon. **J'ai mis du bacon à la place du jambon.** Ne pas hésiter à mettre de la muscade. Les quantités sont parfaites. "
Isa7695

" **Je l'ai fait avec des lardons et c'était bon.** À refaire. " Liliane_211

" **J'ai pris du jambon de Vendée à cuire, ça a permis de rajouter du goût...** "
Julieevaille

Astuce : Vous pouvez bien sûr utiliser des fleurettes de chou-fleur surgelées.

1. Préchauffez le four à 210 °C.
2. **Détachez les fleurettes du chou-fleur puis faites-les cuire 5 min** à l'eau bouillante.
3. Dans un saladier, **battez les œufs en omelette avec le lait, du sel, du poivre, de la noix de muscade, du gruyère râpé et la Maïzena.**
4. **Coupez le jambon en dés et ajoutez-les à la préparation.**
5. **Graissez un plat à gratin** avec un peu d'huile et **placez-y les fleurettes de chou-fleur. Recouvrez avec la préparation puis enfournez pour 20 à 30 min.**

recette proposée par
Luce

PAPILLOTES DE POULET À LA MOUTARDE

Pour 2 personnes
Préparation 15 min
Cuisson 40 min
Très facile
Coût

1. Préchauffez le four à 180 °C.
2. **Coupez la moitié de la tomate en tranches et disposez-les au centre d'une feuille de papier d'aluminium.**
3. **Badigeonnez les escalopes de moutarde et posez-les sur les tomates. Recouvrez-les avec le reste de la tomate tranchée.**
4. **Coupez les olives en petits morceaux et émincez l'oignon. Parsemez-les sur les escalopes.**
5. **Ajoutez un filet d'huile d'olive, saupoudrez d'herbes de Provence et de persil.** Salez et poivrez.
6. Fermez les papillotes et **enfournez pour 40 min.**

Top des avis :
" Excellente recette ! Pleine de goûts et de saveurs. **Je l'ai accompagnée d'une semoule aux épices. L'accord marchait parfaitement !** "
Pef82

" Nous avons beaucoup apprécié ce plat. **Je n'avais pas les épices qu'il fallait, j'ai donc mis du thym et de l'huile de noix.** Les olives relèvent très bien le plat. J'ai servi avec du riz bien sûr ! "
Soso73350

" Notre dîner était excellent. **On a remplacé le poulet par de la dinde et ajouté un soupçon de miel.** " Lotfai

Astuce : Badigeonnez les escalopes de poulet d'un mélange de moutarde de Dijon et moutarde à l'ancienne.

Escalopes de poulet (2)
Quelques olives (des noires et des vertes)
Moutarde de Dijon
Tomate (1)

• Oignon (½) • Herbes de Provence • Persil • Huile d'olive • Sel, poivre

Tomates pelées (1 grosse boîte de 480 g)

Thon au naturel (300 g)

• Oignons (2) • Œufs (5) • Ail (2 gousses) • Thym (1 branche) • Huile d'olive • Beurre • Sel, poivre

FLAN DE THON PROVENÇAL

Pour 6 personnes
Préparation 20 min
Cuisson 1 h
Facile
Coût

1. Préchauffez le four à 240 °C.
2. **Épluchez les oignons, hachez-les finement.**
3. Dans une poêle, **faites fondre doucement les oignons** avec un peu d'huile d'olive.
4. **Ajoutez les tomates pelées écrasées, l'ail écrasé et la branche de thym.** Laissez cuire 15 min.
5. Dans un saladier, **battez les œufs.** Salez et poivrez.
6. **Ajoutez le thon égoutté et émietté.**
7. **Mélangez avec les tomates et les oignons.**
8. **Versez la préparation dans un moule** à cake beurré et enfournez pour 45 min.
9. Servez chaud, tiède ou froid, accompagné d'une salade verte.

Top des avis :

" Cette recette est excellente. **Pour une variante, vous pouvez utiliser une boîte de chair de crabe, servie avec de la mayonnaise** pour les gourmands. "
Véronique_3331

" C'est à chaque fois une réussite, aussi bien chaud que froid. **Et je le sers avec une sauce à base de yaourt brassé, de jus de citron et de ciboulette : un délice !** Je recommande grandement cette recette ! " Jessie_77

" **Fait avec des tomates cerise du jardin, une boule de mozzarella coupée en dés et sans oignons.** Sympa comme entrée. " Martine_46

Astuce : Vous pouvez servir ce flan accompagné d'une salade de mâche ou de mesclun.

recette proposée par
Fanny_1144

FRICASSÉE DE POULET ET D'AUBERGINES SUCRÉE SALÉE

Pour 3 personnes
Préparation 10 min
Cuisson 15 min
Très facile
Coût

1. **Taillez les escalopes en petits dés. Mettez-les dans un bol avec la sauce soja, le miel et l'ail écrasé** et laissez-les mariner.
2. **Émincez l'oignon.**
3. **Coupez les aubergines en deux puis en petits morceaux. Plongez-les dans de l'eau bouillante salée pendant 5 min.**
4. Dans une poêle chaude avec de l'huile d'olive, **faites revenir l'oignon.**
5. **Ajoutez le poulet puis les aubergines essorées. Couvrez et laissez cuire pendant environ 10 min.**
6. **Salez, poivrez** et ajoutez un peu de miel selon votre goût.

Top des avis :
" Excellente recette que j'ai légèrement modifiée. **J'ai fait cuire les aubergines et des poivrons à l'actifrit et j'ai ajouté du gingembre confit : un régal.** " Grandmazal

" Facile à réaliser et très savoureux. **L'idée de précuire les aubergines à l'eau est excellente.** " MarieCatherine_20

Préparer une aubergine

Astuce : Remplacez le poulet par de la dinde.

Aubergines
(2)
Escalopes de poulet
(2)
Sauce soja douce
(3 c. à soupe)
Miel (2 c. à soupe)

- Ail (1 gousse)
- Oignon (1)
- Huile d'olive
- Sel, poivre

Escalopes de poulet (800 g)
Sauce soja (2 c. à soupe)
Gingembre moulu
Pousses de soja (100 g)
Poivron rouge (1)
Courgette (1)

• Oignons (2) • Vin blanc (20 cl)
• Huile • Sel, poivre

POULET À LA VIETNAMIENNE

Pour 4 personnes
Préparation 10 min
Cuisson 25 min
Très facile
Coût

1. Épluchez et **émincez les oignons. Coupez le poivron en deux, épépinez-le et émincez-le en fines lanières. Coupez la courgette (sans l'éplucher) en fines lanières. Lavez bien les pousses de soja.**
2. **Émincez le poulet en lanières.**
3. **Saupoudrez-le de gingembre.**
4. **Faites revenir les oignons** dans une sauteuse avec un peu d'huile jusqu'à ce qu'ils deviennent transparents.
5. **Ajoutez le poulet. Faites revenir 2 min puis ajoutez la sauce soja, le vin et les légumes.**
6. Salez, poivrez, couvrez et **laissez cuire pendant 10 min.**

Top des avis :

" Très bon ! Une agréable surprise. **J'ai ajouté des graines de sésame et du nuoc mâm, ainsi que du poivre de Sichuan :** c'était vraiment bon, accompagné de riz basmati. " Angélique_111

" J'ai doublé voire triplé les doses d'épices. **J'ai rajouté une petite boîte de mélange de légumes asiatiques (soja, carottes, champignons noirs, etc.). Et un peu de coriandre pour l'esthétique.** " Caroline_244

" **J'ai remplacé le poulet par du porc.** Ne pas lésiner sur le gingembre. Excellent ! " Anonyme

Astuce : Remplacez le gingembre en poudre par du frais. Vous pouvez également saupoudrer votre plat de graines de sésame.

recette proposée par
Sabine_23

GRATIN DE COURGETTES EXPRESS

Pour 4 personnes
Préparation 15 min
Cuisson 15 min
Très facile
Coût

❶ **Épluchez les courgettes, coupez-les en gros morceaux puis faites-les cuire une dizaine de minutes à la vapeur.**

❷ Une fois qu'elles sont cuites, **égouttez-les et écrasez-les avec un presse-purée.**

❸ **Ajoutez les œufs battus et la crème liquide. Mélangez bien.**

❹ **Ajoutez le lait et quelques c. à soupe de farine** (qui absorbera l'eau des courgettes). Salez et poivrez.

❺ **Placez le tout dans un plat à gratin et parsemez de gruyère râpé.**

❻ **Enfournez pour environ 15 min.** Servez chaud.

Top des avis :
" Super bon ! **J'ajoute 1 c. à café de moutarde que je mélange avec la crème et un peu de ciboulette,** ça donne un bon goût. " Anne_2667

" Vraiment délicieux ! **J'ai ajouté des lardons que j'avais préalablement ébouillantés pour qu'ils soient moins gras.** " Mimironflon

Préparer une courgette

Astuce : Donnez une note « exotique » à ce gratin en ajoutant un peu de cumin et de curry.

Courgettes (6)

- Crème fraîche (20 cl)
- Lait (20 cl)
- Gruyère râpé
- Œufs (2)
- Farine
- Sel, poivre

Champignons frais (300 g)
Quinoa (400 g)
Noix (100 g)
Poivron rouge (1)
Poivron vert (1)

- Oignon (1)
- Bouillon de légumes (1,2 l)
- Huile d'olive
- Sel, poivre

recette proposée par
Caroline_394

RISOTTO DE QUINOA AUX CHAMPIGNONS

Pour 4 personnes
Préparation 15 min - Cuisson 20 min
Très facile
Coût

Top des avis :
" Heureuse de découvrir cette recette. **J'ai ajouté quelques cuillères de crème aux champignons et saupoudré le plat de parmesan.** Parfait pour un repas végétarien. " Chantal_521

" **J'ai ajouté de la crème fraîche et du parmesan** (pour moi, la bonne quantité, c'est quand on voit des « fils » de parmesan fondu lorsqu'on mélange, c'est-à-dire ici pas loin de 100 g) pour se rapprocher du risotto. " Chef_en_herbe

Astuce : Pour un plat complet, ajoutez des escalopes de poulet coupées en lanières et préalablement revenues à la poêle.

Préparer un risotto

1. **Préparez les champignons :** lavez-les et coupez-les en morceaux.
2. **Lavez les poivrons, coupez-les en deux, épépinez-les et émincez-les en fines lanières.**
3. **Faites revenir les champignons** dans une sauteuse avec de l'huile puis **laissez-les cuire 10 min,** pour qu'ils perdent leur eau.
4. Dans la même poêle, **faites revenir les poivrons une dizaine de minutes. Remettez les champignons.** Salez, poivrez, **ajoutez les noix concassées.**
5. Pendant ce temps, **faites cuire le quinoa comme un risotto. Faites revenir l'oignon émincé dans une casserole. Ajoutez le quinoa, mélangez bien, puis versez en plusieurs fois le bouillon de légumes jusqu'à absorption complète. Laissez cuire environ 15 min.**
6. **Mélangez le quinoa avec la sauce aux champignons et aux poivrons** et servez chaud.

recette proposée par
Vijay

PAPILLOTES DE CABILLAUD

Pour 4 personnes
Préparation 15 min - Cuisson 15 min
Très facile
Coût

❶ Préchauffez le four à 210 °C.

❷ **Découpez la courgette et les tomates en rondelles.**

❸ **Découpez 4 feuilles de papier d'aluminium.** Sur chacune, **déposez : des rondelles de courgette puis 1 pavé de cabillaud. Salez et poivrez.**

❹ **Recouvrez le poisson de quelques anchois, de rondelles de tomate puis parsemez de basilic et arrosez d'huile d'olive.**

❺ Fermez les papillotes et **enfournez pour 15 min.** Accompagnez de riz blanc.

Top des avis :

“ J'ai testé la recette avec du filet de grenadier : un régal ! **Pour une recette encore plus diététique, j'ai enlevé l'huile d'olive et l'ai remplacée par du citron.** ” Lolalice

“ Excellente recette! **Je n'avais pas d'anchois, j'ai mis à la place des carottes râpées.** Et j'ai adoré ! ” Carina_2

“ J'ai épaté tout le monde avec ce plat. La recette est rapide, très simple. **J'ai rajouté des oignons et 2 c. à café de vin sur chaque filet de poisson.** Je les ai servies avec du riz pilaf, c'était très bon. ” Magaly_34

Astuce : Vous pouvez varier les légumes et mettre, par exemple, des carottes et du fenouil.

Plier des papillotes en papier sulfurisé

Cabillaud (4 pavés)
Courgette (1)
Tomates (2)
Anchois (1 boîte)

• Basilic • Huile d'olive
• Sel, poivre

Patates douces (500 g)
Courgettes (500 g)
Raisins secs (50 g)
Cannelle (1 c. à café)
Coriandre en poudre (½ c. à café)
Piment doux (¼ c. à café)

• Oignons (3) • Huile d'olive (3 c. à soupe) • Sel, poivre

recette proposée par
Aganouna

TAJINE DE COURGETTES, PATATES DOUCES ET RAISINS SECS

Pour 4 personnes
Préparation 20 min - Cuisson 1h45
Facile
Coût

Top des avis :
“ Excellent ! Mélange parfait des ingrédients proposés. Tout le monde a apprécié... ce qui n’arrive pas tous les jours ! **J’ai utilisé 1 cuillère à café d’épices pour couscous et c’était parfait comme dosage.** Encore merci pour cette découverte ! ”
Marduc

Astuce : Vous pouvez remplacer la cannelle, la coriandre et le piment par un mélange d’épices à couscous.

Préparer une courgette

1. **Épluchez et hachez les oignons.**
2. **Faites tremper les raisins dans une tasse de thé.**
3. Si vous avez un plat à tajine, utilisez-le, sinon prenez une cocotte allant au four. **Faites fondre les oignons dans l’huile d’olive** à feu doux pendant 15 min. Si besoin, ajoutez un peu d’eau pour que cela n’attache pas.
4. Préchauffez le four à 150 °C.
5. **Coupez les courgettes en rondelles et les patates douces en morceaux.**
6. **Lorsque les oignons ont une jolie couleur caramel, ajoutez les courgettes et les patates douces, ainsi que les raisins égouttés. Ajoutez les épices, salez et poivrez.** Goûtez et rectifiez l’assaisonnement si besoin. **Ajoutez un petit peu d’eau.**
7. Si vous utilisez une cocotte, couvrez avec une feuille de papier d’aluminium perforée à la fourchette. **Enfournez et laissez mijoter au minimum 1 h 30.**
8. Servez chaud, accompagné de graines de couscous (que l’on peut cuire avec 1 c. à café de cannelle pour parfumer le plat).

recette proposée par
Adeline_22

RISOTTO DE BROCOLIS AUX AMANDES

Pour 4 personnes
Préparation 5 min - Cuisson 35 min
Très facile
Coût

Top des avis :

" Je n'ai pas mis les amandes par souci diététique et **j'ai servi ce risotto avec du saumon grillé :** une merveille. Merci. "
Annelaure_344

" Vraiment bon. **J'ai rajouté une dose de safran à la fin de la cuisson pour donner une belle couleur au riz...** Très joli plat ! " Sophie_1638

" Je n'ai pas mis d'amandes mais en revanche, **j'ai ajouté du curry qui se marie bien avec le riz comme avec le brocoli.** "
Katia341

Astuce : Vous pouvez utiliser du riz rond arborio pour réaliser cette recette.

1. Dans une cocotte, **faites revenir l'oignon émincé dans l'huile** pendant 3 min.
2. **Ajoutez le riz et remuez** jusqu'à ce qu'il soit bien enduit d'huile.
3. **Ajoutez progressivement le bouillon de volaille. Portez à ébullition. Salez et poivrez.**
4. **Ajoutez 1 c. à soupe d'amandes grillées.**
5. **Couvrez et laissez mijoter pendant 15 min.**
6. **Ajoutez les brocolis et laissez cuire encore 15 min** jusqu'à ce que le bouillon soit absorbé.
7. **Ajoutez le parmesan** et mélangez bien.
8. Saupoudrez le plat avec les amandes grillées et servez sans attendre.

Riz brun (175 g)
Amandes grillées (2 c. à soupe)
Brocolis divisés en petits bouquets (500 g)
Parmesan râpé (50 g)

• Oignon (1) • Bouillon de volaille (75 cl) • Huile d'olive (2 c. à soupe) • Sel, poivre

Pommes de terre (4 grosses)
Poireau (1)
Carotte (1)
Endive (1)
Lait (1 l)
Gruyère râpé (50 g)

• Oignon (1) • Ail (1 gousse)
• Crème fraîche allégée (25 cl)
• Muscade • Sel, poivre

recette proposée par
Sophie_929

GRATIN DAUPHINOIS AUX LÉGUMES

Pour 4 personnes
Préparation 20 min - Cuisson 30 min
Très facile
Coût

Top des avis :

" Sympa, ça change des gratins classiques et c'est plus léger. On peut diversifier les légumes en fonction des saisons. **Personnellement, j'avais accompagné de courgettes, carottes et brocolis.** Tout le monde a apprécié l'originalité. " Jack25

" C'est bien bon ! **Je n'avais pas d'endive alors je l'ai remplacée par 2 navets. Très bon, à refaire pour manger des légumes !** " Editiondusoir

" Excellente recette ! Je n'ai pas mis de poireau et **comme je n'avais pas de gruyère, j'ai mis du fromage type « brique » en petits morceaux dessus :** un vrai régal. " Fabienne_1868

Astuce : Faites gratiner le plat sous le gril du four quelques minutes avant de servir.

1. Préchauffez le four à 180 °C.
2. Pelez tous les légumes.
3. **Coupez les pommes de terre en rondelles très fines. Coupez le poireau, l'endive, la carotte, l'oignon et l'échalote en fines lamelles.**
4. Dans une casserole, **mettez le lait, du sel, du poivre, de la muscade et l'ail haché. Portez à ébullition.**
5. **Ajoutez tous les légumes et laissez cuire pendant 15 min.**
6. **Égouttez le tout** en conservant un peu de lait.
7. **Versez les légumes dans un plat à gratin, arrosez avec le lait de cuisson, ajoutez la crème fraîche et parsemez légèrement de fromage râpé.**
8. **Enfournez pour 15 min.**

SAUTÉ DE DINDE AU PAPRIKA

Pour 4 personnes
Préparation 10 min - Cuisson 20 min
Très facile
Coût

Top des avis :

" Très bonne recette. Nous avons tous aimé. **J'ai juste mis plus de paprika et de crème.** À refaire. "
Beatrice_356

" Ça fait plusieurs fois que je fais cette recette, c'est toujours aussi bon et rapide. **On peut aussi mettre du poulet à la place de la dinde.** " Amandine_1184

" Très bonne recette, rapide et facile à faire ! **J'ai remplacé les poivrons par des tomates et mis du Tabasco** pour relever un peu le tout, génial ! "
Nadine_90

Astuce : Si vous aimez les plats relevés, vous pouvez ajouter un peu de piment de Cayenne.

1. **Émincez les escalopes en lamelles.** Épépinez et **détaillez le poivron en lanières.**
2. Dans une sauteuse, **faites dorer la viande** dans un peu d'huile d'olive, salez et poivrez.
3. **Retirez la viande de la sauteuse et, à la place, faites-y revenir (sans les faire colorer) les oignons émincés.**
4. **Ajoutez les poivrons,** mélangez pendant 5 min à feu doux **puis ajoutez de nouveau la viande.**
5. **Hors du feu, saupoudrez de paprika et mélangez.**
6. **Ajoutez la crème et terminez la cuisson** quelques minutes.
7. Avant de servir, ajoutez un filet de jus de citron.

Escalopes de dinde d'environ 120 g chacune (4)

Poivron rouge (1)

Paprika doux (1 c. à soupe)

- Oignons (2 moyens)
- Crème liquide (25 cl)
- Citron (1)
- Huile d'olive
- Sel, poivre

J'AI ENVIE DE ME FAIRE PLAISIR

Ce soir, vous avez besoin d'une recette gourmande, réconfortante à souhait, d'une recette qui vous réconcilie avec le monde. Arrêtez-vous, vous êtes au bon endroit.

Au programme, plaisir des papilles garanti avec notre sélection de recettes *très* gourmandes à la fois simples, originales et élaborées. Parfaites pour recevoir également, elles ont tout pour plaire !

CRUMBLE D'AGNEAU À L'ORIGAN ET À LA FETA

Pour 4 personnes
Préparation 25 min - Cuisson 25 min
Facile
Coût

“

Top des avis :

" Dément ! La viande et les pommes de terre sont fondantes, c'est un délice. **Les pommes de terre cuisent le temps de la préparation, le timing est impeccable.** Je n'ai pas fait de crumble, seulement parsemé le plat de feta et parmesan. " Patsales

" Très bon et très facile ! Je me suis rendu compte au dernier moment que je n'avais pas de pommes de terre mais c'était très bon sans aussi. **Je l'ai du coup servi avec un peu de semoule arrosée de jus de viande.** Excellent ! " Difdaf

" Très bonne recette, c'est **encore meilleur réchauffé le lendemain.** " Nicolas_395

”

Astuce : Remplacez les tranches de pommes de terre par des tranches de céleri-rave.

1. Coupez les oignons en lamelles.
2. Pelez et hachez l'ail.
3. Dans une poêle à fond épais, **faites sauter dans 1 c. à soupe d'huile les oignons et l'ail** pendant environ 2 min.
4. **Ajoutez les dés d'agneau et faites revenir 2 min.** Salez, poivrez et **saupoudrez de 1 c. à café d'origan. Ajoutez le fond d'agneau et laissez mijoter environ 5 min.**
5. **Enduisez un plat à gratin d'huile d'olive et tapissez le fond avec les tranches de pommes de terre.**
6. **Saupoudrez de 1 c. à café d'origan.**
7. **Ajoutez l'agneau avec le jus de cuisson.**
8. Préchauffez le four à 220 °C.
9. **Préparez le crumble en mélangeant le parmesan, la feta, l'origan restant, du sel et du poivre.**
10. **Répartissez le crumble sur l'agneau et enfournez pour environ 15 min** jusqu'à ce que le crumble soit bien doré.
11. Servez immédiatement.

Agneau type gigot ou steak, coupé en cubes (600 g)

Origan (2 c. à café + 1 c. à soupe)

Parmesan râpé (50 g)

Feta émiettée (50 g)

Tranches de pommes de terre précuites (de quoi tapisser le fond d'un plat à gratin)

• Oignons (2) • Ail (1 gousse) • Fond d'agneau (10 cl) • Huile d'olive (2 c. à soupe) • Sel, poivre

Blancs de poulet (2)
Roquette (2 poignées)
Fromage de chèvre frais (½ bûche)
Parmesan (40 g)

• Ail (1 gousse) • Thym
• Huile d'olive
• Sel, poivre

recette proposée par
Fleppi

BLANCS DE POULET FARCIS À LA ROQUETTE ET AU CHÈVRE

Pour 2 personnes
Préparation 20 min - Cuisson 20 min
Facile
Coût

Top des avis :
" **J'ai ajouté 3 champignons de Paris de belle taille, 2 c. à soupe de soja clair dans le mixeur puis j'ai passé le tout au four 10 min avant de farcir les blancs.** Un résultat gustatif vraiment plaisant. " Yannlsr

" Un régal tout simplement ! **Les saveurs sont très prononcées et se marient parfaitement.** Le plat est joli à regarder ce qui ne gâche rien. Merci pour cette excellente recette que je referai avec plaisir ! "
Lucie_220

Astuce : Vous pouvez également fermer les blancs de poulet à l'aide de piques en bois.

1. Préchauffez le four à 180 °C.
2. Préparez la farce : **mixez la roquette, ajoutez un peu d'huile d'olive et l'ail épluché.**
3. **Incorporez ensuite le chèvre frais et le parmesan puis mixez jusqu'à obtention d'une substance crémeuse.** Salez, poivrez et ajoutez un peu de thym.
4. **Entaillez les blancs de poulet dans le sens de la longueur,** sans les couper complètement. **Ouvrez-les et aplatissez-les** pour obtenir une surface plus grande.
5. **Étalez la farce sur le poulet puis enroulez celui-ci et attachez le tout avec une ficelle.**
6. **Déposez les blancs de poulet farcis dans un plat légèrement huilé.** Parsemez de thym, salez, poivrez et **enfournez pour 20 min.**

GAMBAS À L'ARMORICAINE

Pour 4 personnes
Préparation 25 min - Cuisson 30 min
Facile
Coût

Top des avis :

" Très bonne recette. Rien à changer. **J'ai mis des tomates pelées à la place du coulis de tomates : impeccable.** " Calimero21

" Et même sans la crème, ce fut un grand régal ! **Je les ai servies avec un risotto au chorizo.** Un vrai succès ! " Christele1

" Un régal, tout le monde a apprécié. **J'ai servi les gambas avec des tagliatelles fraîches.** Un délice ! " Mimie83

Astuce : Remplacez une partie ou la totalité des gambas par des noix de Saint-Jacques.

1. **Décortiquez les gambas.**
2. Épluchez et **hachez l'échalote et l'oignon.**
3. **Faites revenir les gambas avec l'échalote et l'oignon hachés** à feu vif dans l'huile d'olive.
4. **Flambez** au whisky ou au cognac, hors du feu.
5. **Remettez la poêle sur feu doux et mouillez avec le vin blanc.**
6. **Ajoutez l'ail pilé, une poignée de persil haché, le coulis de tomates et la crème fraîche. Salez et poivrez. Laissez mijoter** à feu doux pendant 20 min.
7. Servez avec du riz ou des pâtes.

Gambas (24)
Cognac ou Whisky (10 cl)
Coulis de tomates (15 cl)
Vin blanc (20 cl)

• Échalote (1) • Oignon (1) • Ail (3 gousses) • Huile d'olive (3 c. à soupe) • Crème fraîche (10 cl) • Persil haché • Sel, poivre

Blancs de poulet ou de dinde (4)
Citron (1)
Estragon (surgelé éventuellement)

- Crème semi-épaisse (20 cl)
- Sel, poivre

SUPRÊMES DE VOLAILLE À LA CRÈME CITRONNÉE

Pour 4 personnes
Préparation 10 min
Cuisson 30 min
Très facile
Coût

1. Préchauffez le four à 180 °C.
2. **Mettez les blancs de volaille dans un plat à gratin après les avoir assaisonnés.**
3. **Versez la crème dans un bol, ajoutez le jus du citron et 2 c. à soupe d'estragon ciselé.** Salez et poivrez. Mélangez bien.
4. **Versez la sauce sur les blancs de volaille et enfournez pour 30 min.**

Top des avis :

“ Épatante, cette recette : ultra facile, viande bien tendre, **sauce délicieuse... Recette parfaite servie avec du riz et des courgettes sautées à l'huile d'olive.** ” Sophinett

“ Très bonne recette ! **Ajoutez un verre d'eau pour une bonne tenue de la sauce.** ” Gaelle_406

“ Excellente façon de cuisiner les blancs de volaille. **J'ai utilisé de la crème liquide, mis la moitié du jus de citron et j'ai rajouté du paprika.** ” Agnes_50

Astuce : Garnissez le fond du plat à gratin d'échalotes et de champignons de Paris émincés.

recette proposée par
Gilbert

MAGRET DE CANARD, FAÇON TATIN

Pour 2 personne
Préparation 15 min
Cuisson 10 min
Facile
Coût

1. Préchauffez le four à 210 °C.
2. **Épluchez les pommes, coupez-les en deux,** ôtez les cœurs puis **coupez chaque moitié en tranches.**
3. **Faites revenir les tranches de pommes dans une noix de beurre** pendant 5 min.
4. Dans 2 petites timbales, **déposez dans chaque une couche de pommes, 2 tranches de magret, une couche de pommes, 2 tranches de magret et terminez par une dernière couche de pommes. Arrosez avec le calvados.**
5. **Enfournez** pour 5 min.
6. **Découpez les tranches de pain de la taille des timbales.**
7. **Démoulez les tatin sur le pain de mie** grillé puis **déposez sur chacune une tranche de foie gras.** Servez chaud.

Top des avis :

" C'est une entrée facile à faire et raffinée. **Je remplace le pain de mie par une tranche de pain rustique chaude et je la place à côté de la tatin.** C'est un délice! "
Cecile_2728

" J'ai testé cette recette, car on peut la préparer à l'avance et la passer au four au moment de se mettre à table. **J'ai démoulé sur des tranches de pain d'épices maison, poêlées dans un peu de beurre.** " Nounouche_50

" On s'est régalé. **La prochaine fois, je couperai les tranches des pommes plus épaisses et j'ajouterai un étage.** "
Caracol

Astuce : Vous pouvez remplacer le pain de mie par des tranches de brioche.

Pommes reinette ou granny-smith (2)
Magret de canard fumé (1, tranché)
Foie gras (2 tranches)
Calvados (2 c. à café)

• Pain de mie grillé (2 tranches) • Beurre

Lotte (1,8 kg)
Poivron rouge (1)
Poivron vert (1)
Tomates mûres (6)
Lait de coco (40 cl)
Pâte de curry jaune (1 c. à café)

- Sucre (1 morceau)
- Sel, poivre

CURRY DE LOTTE AU LAIT DE COCO

Pour 8 personnes
Préparation 20 min
Cuisson 20 min
Facile
Coût

1. Lavez les poivrons et les tomates.
2. **Coupez les tomates en quartiers et les poivrons en lamelles.**
3. Dans une sauteuse antiadhésive ou un wok, **faites réduire les poivrons et les tomates à feu moyen puis doux jusqu'à ce qu'il n'y ait plus de jus.**
4. **Versez le lait de coco, délayez-y le curry et le sucre puis faites chauffer doucement** sans faire bouillir.
5. **Coupez la lotte en cubes et ajoutez-la au reste de la préparation.** Salez et poivrez. **Laissez cuire pendant environ 15 à 20 min** à feu moyen.
6. Servez avec du riz basmati ou du riz gluant.

Top des avis :
" Parfait. **Je fais juste revenir mes morceaux de lotte dans une poêle avant de les mettre dans la sauce que je laisse sur mon feu au minimum** (conseil de ma poissonnière). " Cecile_3830

" J'ai suivi la recette presque à la lettre, **j'ai juste ajouté des crevettes** et tout le monde a adoré ; j'ai aussi refait la recette avec que des crevettes et c'était encore très bon. " Cleoclem

" C'est délicieux, tout le monde a adoré. Pour ma part, **j'ai ajouté un peu de piment doux.** " Adaguerre

Astuce : Remplacez la lotte par du cabillaud.

recette proposée par
Claris

ESCALOPES MILANAISES COMME EN ITALIE

Pour 2 personnes
Préparation 25 min - Cuisson 10 min
Très facile
Coût

Top des avis :

" Superbe mais **je n'avais pas de parmesan, alors j'ai mis du gruyère.** " Cherifa1

" Super recette ! Je ne m'en lasse pas et la petite famille non plus. **L'astuce du passage au réfrigérateur rend la recette inratable.** " MissPistache

" Un vrai régal. **Proposition d'accompagnement : un risotto à la tomate et au chorizo.** " Titico69

Astuce : Juste avant de servir, coupez 3 tomates épépinées en petits dés. Assaisonnez-les d'huile d'olive, de sel et d'un filet de vinaigre balsamique. Parsemez les dés de tomates (sans trop de jus) sur les escalopes et décorez avec de la roquette.

1. **Coupez les escalopes en quatre** (si elles ne sont pas assez fines, aplatissez-les au rouleau à pâtisserie entre 2 feuilles de film alimentaire).
2. **Mettez de la farine dans une assiette.**
3. **Dans une seconde assiette, battez l'œuf avec du sel et du poivre.**
4. **Enfin, dans une troisième assiette, mélangez le parmesan râpé et la chapelure.**
5. **Passez les morceaux d'escalope dans la farine** (enlever l'excédent de farine si besoin) **puis dans l'œuf battu et dans le mélange parmesan-chapelure.**
6. **Repassez une seconde fois les escalopes dans l'œuf et dans le mélange parmesan-chapelure.**
7. **Mettez les escalopes au réfrigérateur pour 15 min :** cette étape est nécessaire sinon la croûte ne tiendra pas à la cuisson.
8. **Faites chauffer une noix de beurre et un filet d'huile d'olive** dans une poêle. Quand elle est bien chaude, **saisissez-y les escalopes des 2 côtés.** Quand elles sont bien dorées, baissez le feu et laissez cuire encore 5 min.
9. Disposez les escalopes sur les assiettes, versez un filet de jus de citron et dégustez.

Escalopes de veau fines et grandes, dans la noix (2)

Chapelure (50 g)

Parmesan râpé (50 g)

Citron (1)

- Œuf (1)
- Huile d'olive
- Beurre
- Farine
- Sel, poivre

Jambon cuit ou blanc (6 tranches)
Noix de Saint-Jacques (6 ou 8)
Gruyère râpé (250 g)
Chapelure (100 g)

- Muscade en poudre (1 pincée)
- Sel, poivre

Pour la béchamel :

- Beurre (75 g)
- Farine (2 grosses c. à soupe)
- Lait (25 cl)

GRATIN DE NOIX DE SAINT-JACQUES

Pour 6 personnes
Préparation 15 min - Cuisson 40 min
Très facile
Coût

Top des avis :

“ Recette excellente, tout le monde a adoré. **La prochaine fois, j'ajouterai des champignons frais.** ” Kine64

“ Un délice, **une entrée raffinée mais assez simple qui a un grand succès.** J'ai juste mis moins de fromage qu'indiqué et c'était bien suffisant ! ” Sandra_913

“ Excellent ! **J'ai émincé les Saint-Jacques plutôt que de les mixer.** Ainsi, leur saveur a été conservée. ” Didou1

Astuce : Ajoutez quelques Saint-Jacques entières, légèrement poêlées.

Ouvrir une coquille Saint-Jacques

1. **Mixez ensemble les noix de Saint-Jacques et le jambon cuit.**
2. **Mélangez-les ensuite avec le gruyère râpé, la muscade, du sel et du poivre.**
3. Préchauffez le four à 180 °C.
4. Préparez la béchamel : **dans une casserole, faites fondre le beurre à feu doux, ajoutez la farine en un seul coup et, sans cesser de mélanger, versez le lait** au fur et à mesure : la béchamel doit être bien ferme.
5. **Mélangez la béchamel au reste de la préparation.**
6. **Garnissez un plat à gratin de cette préparation, saupoudrez uniformément de chapelure.**
7. Enfournez et laissez cuire 40 min.

recette proposée par
Minouche

LOTTE BRAISÉE

Pour 4 personnes
Préparation 10 min - Cuisson 25 min
Facile
Coût

Top des avis :

" Super recette, délicieuse et facile ! **Pour accompagner, j'ai fait un peu de riz thaï et un curry de légumes au lait de coco (carottes, courgettes, potimarron et fenouil).** C'était sublime ! " Aleskia

" Parfaitement réussi. **Je remplace la crème par du fromage blanc à 0 %, je n'ai pas hésité à faire de la sauce ce qui est parfait pour le riz qui accompagnait,** merci. " Ylof

" **J'ai ajouté quelques noix de Saint-Jacques.** Ce n'est pas obligatoire, mais tellement plus raffiné. " Jeppe66

Astuce : Pour flamber, versez l'alcool dans la poêle et approchez une allumette. Éloignez-vous de sous la hotte pour réaliser cette étape.

Presser un citron sans presse-agrumes

1. **Coupez la lotte en morceaux** de 5 cm de côté environ.
2. **Épluchez la carotte et l'oignon puis coupez-les en petits dés.**
3. Épluchez et **hachez l'ail.**
4. Dans une poêle, **faites fondre le beurre et faites-y revenir les morceaux de lotte** sur tous les côtés.
5. **Ajoutez l'oignon, laissez cuire 5 min puis flambez au rhum.**
6. **Ajoutez la carotte, l'ail, le curcuma, le piment, la crème et le jus du demi-citron vert. Salez, poivrez et laissez cuire 20 min** à feu doux.

Lotte (1 kg)
Curcuma (1 c. à café)
Citron vert (½)
Rhum brun (1 c. à soupe)
Piment (1 pincée)

• Crème liquide (15 cl) • Oignon (1)
• Carotte (1) • Ail (1 gousse)
• Beurre (50 g) • Sel, poivre

Magret de canard ou filet (1)
Échalotes (200 g)
Vinaigre de framboise (10 cl)
• Miel (1 à 2 c. à café)

MAGRET DE CANARD AU MIEL ET AU VINAIGRE DE FRAMBOISE

Pour 1 personne
Préparation 20 min
Cuisson 15 min
Facile
Coût

1. Dans une cocotte, **faites cuire le magret avec la peau** mais jetez un peu de graisse.
2. Retirez le magret puis **faites revenir les échalotes dans la graisse du magret jusqu'à ce qu'elles soient bien dorées.**
3. **Ajoutez le miel et enfin le vinaigre de framboise.**
4. Servez les magrets nappés de cette sauce.

Top des avis :
“ Je n'avais pas de vinaigre de framboise, **j'ai utilisé du vinaigre de cidre et un tout petit peu de crème liquide.** Il n'en restait rien. ”
Catherine_36

“ **J'ai fait cette recette avec des aiguillettes de canard et ai rajouté de la crème fraîche pour adoucir la sauce** : délicieux ! “ Mariepascale

“ Très bonne recette ! **J'ai utilisé du miel de romarin,** c'était délicieux. ”
LittleChef

Astuce : Ajoutez quelques framboises surgelées avec les échalotes.

POULET À L'ESTRAGON

Pour 4 personnes
Préparation 15 min
Cuisson 30 min
Facile
Coût

1. Épluchez et **hachez l'échalote.**
2. Dans une cocotte, **faites-la revenir dans l'huile d'olive. Incorporez le bouillon de volaille, le vinaigre de Xérès, le vinaigre de vin et un trait de cognac. Laissez mijoter** à feu doux pendant environ 5 min.
3. **Salez les blancs de poulet.**
4. **Ajoutez la crème fraîche, la moutarde, la ciboulette et l'estragon haché à la sauce. Salez et poivrez.** Mélangez bien puis laissez mijoter à feu doux pendant 3 min.
5. **Ajoutez les blancs de poulet et laissez cuire pendant 20 min,** toujours à feu doux.
6. Vous pouvez servir ce plat avec du riz basmati ou avec des légumes.

Top des avis :
“ Cette recette est un vrai régal ! Je l'ai suivie à la lettre et **j'ai trouvé le mariage des saveurs (vinaigres, estragon) très subtil et très équilibré : merci !** ” Doloqui

“ Nous avons adoré ! **En accompagnement : purée de pommes de terre et salade. La viande, cuite ainsi dans la sauce, est très tendre.** À recommander… ” Fanny_188

“ Simple et rapide ! **Ne pas lésiner sur les herbes fraîches. J'ai mis 2 échalotes.** Excellent accompagné de riz sauvage ! ” Olidetournai

Astuce : Vous pouvez également couper le poulet en gros dés. Réduisez alors la cuisson finale de 10 min.

Blancs de poulet (4)
Vinaigre de Xérès (2 c. à café)
Vinaigre de vin (2 c. à café)
Ciboulette hachée (2 c. à café)
Estragon haché (1 c. à soupe)
Cognac

- Échalote (1)
- Huile d'olive (2 c. à soupe)
- Bouillon de volaille (15 cl)
- Crème fraîche épaisse (25 cl)
- Moutarde (1 c. à café)
- Sel, poivre

Escalopes de veau très fines (4)
Aubergines marinées à l'italienne (4 tranches)
Mozzarella (2 boules)
Sauge (4 feuilles)
Pâtes fraîches (500 g)
Vinaigre balsamique (2 c. à soupe)
Madère (1 c. à soupe)

- Copeaux de parmesan (100 g)
- Huile d'olive
- Tomates cerise
- Basilic
- Sel, poivre

SALTIMBOCCA DE VEAU, AUBERGINES ET MOZZARELLA

Pour 4 personnes
Préparation 5 min - Cuisson 20 min
Facile
Coût

Top des avis :

" Recette qui fait de l'effet ! **J'avais des fèves fraîches, je les ai ajoutées avant la mozzarella !** À refaire. " Aliceke

" Réellement délicieux. **Je n'avais pas de madère, donc je l'ai remplacé par du porto.** " Pascalegi

" **J'ai mis aubergine et courgette. Les 2 combinés sont excellents aussi.** Un grand merci, cette recette a eu du succès. " Marolie

Astuce : Ajoutez une tranche de jambon italien entre l'aubergine et la mozzarella.

Préparer une aubergine

1. Dans une poêle, **faites chauffer un peu d'huile d'olive puis faites-y colorer légèrement les escalopes de veau sur les 2 faces.** Assaisonnez-les à votre goût puis placez-les dans un plat à gratin.
2. **Déglacez la poêle avec le vinaigre balsamique et le madère.**
3. **Placez une feuille de sauge sur chaque escalope, puis, au-dessus de chaque escalope, une tranche d'aubergine marinée.**
4. **Coupez la mozzarella en tranches, répartissez les tranches sur chaque escalope. Salez, poivrez et arrosez-les de la sauce au vinaigre.**
5. Préchauffez le four à 180 °C.
6. **Placez le plat à gratin pendant 5 min au four puis quelques minutes sous le gril.**
7. Pendant ce temps, **faites cuire les pâtes fraîches.** Égouttez-les et remettez-les dans la casserole en les mélangeant avec un peu d'huile d'olive.
8. Dressez les assiettes avec une escalope, un peu de sauce, des pâtes et décorez avec une tomate cerise, du basilic ciselé et des copeaux de parmesan.

recette proposée par
Nathalie_163

SAUMON À L'ÉCHALOTE

Pour 4 personnes
Préparation 10 min - Cuisson 20 min
Très facile
Coût

Top des avis :

" Tout le monde s'est régalé. **J'ai juste ajouté la moitié d'un bouillon de poule** et un peu plus d'eau pour diluer et je n'ai mis que 2 c. à soupe de vinaigre balsamique. À refaire ! "
Freeksauce

" Sauce originale et délicieuse. **Avec un gratin de courgettes et de pommes de terre, c'était parfait.** " Nathou34

" Très bonne recette, **j'ai ajouté une poêlée de champignons dans la sauce** et c'était un délice. "
Mumflo94

Astuce : Si vous n'avez pas d'échalotes, utilisez des oignons rouges.

Détailler une échalote

1. Épluchez et **émincez les échalotes.**
2. **Faites-les revenir dans une poêle avec une noix de beurre jusqu'à ce qu'elles soient translucides.**
3. **Déposez les pavés de saumon dans la même poêle** et salez légèrement.
4. **Quand le saumon est cuit, mettez-le de côté** sur une assiette.
5. **Versez sur les échalotes le vinaigre balsamique** coupé avec un peu d'eau. **Ajoutez une pointe de moutarde, laissez mijoter 2 à 3 min puis ajoutez la crème.**
6. **Remettez les pavés de saumon dans la poêle juste avant de servir** afin de les réchauffer.
7. Servez avec du riz ou, pourquoi pas, du chou romanesco !

Saumon frais (4 pavés)
Échalotes (5)
Vinaigre balsamique (4 c. à soupe)

- Crème fraîche (4 c. à soupe)
- Moutarde (1 pointe)
- Beurre (1 noisette)
- Sel

Pilons de poulet (8) **ou cuisses** (4)
Gingembre râpé (1 c. à café rase)
Miel (2 grosses c. à soupe)

• Citron jaune non traité (1) • Échalote (1) • Huile (2 c. à soupe) • Crème semi-épaisse (50 cl) • Sel, poivre

Pour la garniture :
Riz parfumé (300 g)
Safran (1 dosette)

• Beurre (20 g) • Eau (2 fois le volume de riz)

recette proposée par
Annedu04

POULET CITRON, MIEL ET GINGEMBRE

Pour 4 personnes
Préparation 30 min - Cuisson 1 h
Facile
Coût

Top des avis :
« Absolument délicieux ! J'ai d'abord fait dorer les cuisses avant d'y mettre le reste des ingrédients. **J'ai juste mis un peu moins de crème et un demi-oignon car je n'avais pas d'échalote, mais la sauce était parfaite et la viande moelleuse et fondante.** » Nadinette

« **Sauce délicieuse pour arroser le riz auquel j'avais rajouté un wok de légumes thaï.** Recette originale ! Merci. » Anne_de_bxl

« Une super recette, rapide et très bonne… **Préparée un matin avant de partir à l'école en 30 min pour le soir.** Je la referai souvent ! » Sandrine_17

Astuce : Si vous n'en trouvez pas du frais, vous pouvez utiliser du gingembre en poudre.

1. Épluchez et **émincez l'échalote.**
2. **Faites chauffer l'huile dans une cocotte puis faites-y revenir l'échalote** 5 min à feu doux.
3. **Ajoutez les pilons de poulet, le gingembre, le miel, le zeste et le jus du citron.** Faites bien revenir les pilons. Ajoutez 1 verre d'eau (environ 20 cl) car si la cuisson est trop forte le miel devient caramel et cela attache très vite.
4. Lorsque les pilons sont cuits (la viande doit se détacher facilement de l'os), **ajoutez la crème fraîche, salez, poivrez, mélangez et laissez mijoter** à feu doux pendant 20 min.
5. Pendant ce temps, **faites fondre le beurre à feu doux puis versez le riz. Laissez-le blondir 5 min en remuant** (n'arrêtez pas de remuer !).
6. **Saupoudrez de safran, versez l'eau et mélangez. Remuez jusqu'à ce que le riz ait absorbé toute l'eau :** le riz devrait alors être cuit.
7. Servez dans chaque assiette une part de riz et déposez dessus 1 ou 2 pilons recouverts de sauce.

recette proposée par
Delphine_366

TAGLIATELLES AUX NOIX DE SAINT-JACQUES FLAMBÉES AU WHISKY

Pour 3 à 4 personnes
Préparation 15 min - Cuisson 15 min
Facile
€€€ Coût

Top des avis :
" Super recette et facile à réaliser ! **J'ai mis quelques baies de poivre rose sur le plat,** ça donne un plus à la présentation, et c'est excellent. "
Rose-85

" Super ! Nous nous sommes régalés ! Même avec des noix surgelées. Repas copieux et délicieux ! **Un petit conseil toutefois, il ne faut pas lésiner sur la crème et le whisky (un verre, c'est bien).** "
David_930

Astuce : Vous pouvez remplacer les noix de Saint-Jacques par des crevettes roses.

1. Épluchez et **émincez finement l'ail.**
2. **Faites-le revenir 30 s** dans une poêle **avec 1 c. à soupe de persil.**
3. **Ajoutez les noix de Saint-Jacques et faites-les cuire** 4 à 5 min si elles sont grosses, sinon 2 à 3 min : la chair doit rester tendre. Salez et poivrez.
4. **Lancez la cuisson des tagliatelles.**
5. **Hors du feu, versez le whisky dans la poêle et faites flamber.**
6. **Remettez la poêle sur feu doux. Ajoutez la crème fleurette et le persil restant.**
7. **Égouttez les pâtes et versez-les dans la poêle.** Mélangez bien.

Noix de Saint-Jacques fraîches ou surgelées (250 g)
Tagliatelles fraîches (500 g)
Whisky (½ verre)

• Ail (2 gousses) • Crème fleurette • Persil (2 c. à soupe) • Sel, poivre

JE N'AI PAS ENVIE DE FAIRE LES COURSES

Avant de décréter que vous n'avez rien à manger, faites le tour de vos placards, réfrigérateur et congélateur, il y a fort à parier qu'ils recèlent de quoi préparer un vrai repas.

Alors si vous n'avez pas envie de faire les courses, restez bien au chaud ! Grâce à notre sélection de recettes de derrière les placards, vous avez *tous* les ingrédients sous la main pour vous régaler avec presque rien (et si vous n'avez vraiment vraiment rien, ces recettes vous permettront de faire la liste des ingrédients à avoir toujours chez vous !).

Viande hachée (400 g)
Haricots rouges en boîte (400 g)
Tomates pelées en boîte (400 g)
Chili en poudre (2 c. à café)

- Oignon (1)
- Ail (1 gousse)
- Huile d'olive
- Sel, poivre

CHILI CON CARNE EXPRESS

Pour 3 personnes
Préparation 5 min
Cuisson 30 min
Très facile
Coût

1. **Hachez l'oignon et l'ail** après les avoir épluchés.
2. **Faites chauffer un peu d'huile** dans une cocotte et **faites-y fondre l'oignon et l'ail.**
3. **Ajoutez la viande hachée et laissez-la se colorer.**
4. **Ajoutez le chili** (selon les goûts).
5. **Égouttez les haricots, versez-les dans la cocotte avec les tomates.** Salez, poivrez et remuez.
6. **Laissez frémir pendant 20 min.**
7. Servez !

Top des avis :
" Très bon ! Et rapide à faire ! **Servez avec un peu de riz** et le truc qui tue : **du cheddar râpé sur le dessus** juste avant de servir… " Marjocuisine

" J'ai essayé cette recette plusieurs fois. **Une variante très réussie : moitié viande hachée, moitié joue de bœuf :** un régal ! " Virginie_3367

" Très bon. J'ai ajouté 1 poivron rouge coupé en dés, 1 c. à café de cumin en poudre et de l'origan ! Servi avec du riz blanc c'est très bon ! " Lilliebiquette

Astuce : Si vous aimez les plats épicés, ajoutez une pointe de piment de Cayenne.

FARFALLES AUX JAMBON ET PETITS POIS

Pour 4 personnes
Préparation 10 min - Cuisson 30 min
Très facile
Coût

Top des avis :

" Très bon. **Pour jouer avec le sucré des petits pois, j'ai ajouté un petit bouillon de volaille en même temps que les petits pois.** Une fois réduit, crème et curry. Un délice ! " Nelly0042

" J'ai trouvé ça délicieux. Pour ma part, **j'ai utilisé des petits pois surgelés et du bacon.** À la place de la crème fraîche, j'ai mis du soja cuisine et une petite touche de coulis de tomates pour le goût et la couleur ! " Helene_315

" **J'ai juste rajouté des tomates cerise,** c'était extra ! " Nesta

Astuce : Remplacez le jambon par des lardons.

1. **Hachez les oignons et faites-les frire** dans un peu d'huile.
2. **Coupez le jambon en petits dés. Ajoutez-les aux oignons. Au bout de 5 min, ajoutez les petits pois.** Salez, poivrez et **laissez cuire le tout à feu doux pendant 20 min.**
3. **Faites cuire les pâtes** dans une grande casserole d'eau bouillante salée. Égouttez-les.
4. **Ajoutez la crème dans la poêle et, lorsque le mélange commence à bouillir, ajoutez les pâtes.** Mélangez et servez aussitôt.

Farfalles
(500 g)
Petits pois (500 g)
Jambon
(5 tranches fines)

• Oignons (2) • Crème fraîche liquide (40 cl) • Huile d'olive • Sel, poivre

Riz long
(300 g)
Thon au naturel
(150 g)
Champignons de Paris émincés en boîte (200 g)
Sauce béchamel, maison ou en brique
(60 cl)

- Gruyère râpé
- Beurre
- Sel, poivre

recette proposée par
Lily

RIZ AU... FOND DE PLACARDS

Pour 4 personnes
Préparation 10 min - Cuisson 20 min
Très facile
Coût

Top des avis :

" **J'ai cuit les champignons en boîte avec le thon et rajouté de l'échalote.** Un vrai régal ! "
Orka2803

" **N'aimant pas les champignons, je me suis contentée du thon revenu à la poêle** avec une échalote, une béchamel maison relevée d'un peu de muscade râpée, un riz cuit au bouillon, et voilà : mine de rien, un bon petit plat. " Isa_85

Astuce : Vous pouvez également verser la préparation dans un plat à gratin, parsemer le tout de gruyère râpé et faire gratiner au four.

Préparer la béchamel

1. **Faites cuire le riz** dans une grande quantité d'eau bouillante salée.
2. **Préparez ou faites réchauffer la béchamel et ajoutez-y du gruyère râpé.**
3. **Quand le riz est cuit, égouttez-le** et conservez-le au chaud.
4. Dans une poêle, **faites revenir le thon et les champignons dans une noix de beurre** (comptez 5 min environ). Salez et poivrez.
5. **Mélangez le thon et les champignons avec la béchamel.**
6. **Versez le tout sur le riz, mélangez** de nouveau puis servez.

recette proposée par
Coralie_156

GRATIN DE PÂTES À LA BOLOGNAISE EXPRESS

Pour 4 personnes
Préparation 10 min
Cuisson 15 à 20 min
Très facile
Coût

Top des avis :

" **J'ai ajouté des petits carrés de poulet grillés à la poêle,** c'était très bon ! " Rosemariep

" J'ai bien aimé mais **j'ai rajouté des lardons et du steak haché.** " Benjamin_264

" **Très facile et très rapide à faire** lorsqu'on n'a pas de temps à perdre. " Aurelie_2040

" **On peut également ajouter à la sauce des petits lardons et des champignons** préalablement frits à la poêle ! Miam ! " Nour_9

Astuce : Remplacez le gruyère par du parmesan.

1. Préchauffez le four à 210 °C.
2. **Faites cuire les pâtes** dans une grande casserole d'eau bouillante salée.
3. Pendant ce temps, **mettez dans un bol la sauce bolognaise et ajoutez la crème petit à petit** de manière à obtenir un mélange orange très clair.
4. **Égouttez les pâtes.**
5. **Dans un plat à gratin, déposez une couche de pâtes, recouvrez avec une couche de sauce. Faites une seconde couche de pâtes et de sauce puis parsemez de gruyère râpé.**
6. **Enfournez** jusqu'à ce que le fromage soit fondu et légèrement gratiné (comptez 5 à 8 min).

Pâtes (500 g)

Sauce bolognaise (400 g)

- Gruyère râpé (50 g)
- Crème liquide (20 cl)
- Sel

Plaques de lasagne (1 paquet)
Sauce béchamel (65 cl)
Épinards surgelés (1 kg)
Fromage de chèvre (400 g)

- Gruyère râpé (200 g)
- Beurre
- Sel, poivre

recette proposée par
Christophe_de_Marmiton

LASAGNES CHÈVRE ET ÉPINARDS

Pour 6 à 8 personnes
Préparation 25 min - Cuisson 30 min
Très facile
Coût

Top des avis :

" Super bon ! Sauf que **j'ai fait une couche épinards-chèvre-béchamel et une autre couche carotte-béchamel-chèvre !** Du gruyère sur le dessus et, dès que ça a fini de cuire, j'ai arrosé avec un peu de miel, ça se marie très bien avec le chèvre et la carotte ! " Pommecaramel

" Vraiment bon ! **J'ai fait pas mal de béchamel (60 g de beurre, 60 g de farine et 1 l de lait), et ajouté à la bûche du crottin de Chavignol pour que le goût de chèvre soit plus prononcé.** " Brinie

" Excellent ! **Petit plus, ajoutez un peu de muscade !** Réussite assurée. "
Leu3

Astuce : Pour une recette encore plus rapide, mélangez les épinards, la béchamel et le chèvre.

1. Préchauffez le four à 200 °C.
2. **Placez les épinards dans une casserole, laissez-les décongeler** à feu doux puis enlevez l'eau résiduelle (n'hésitez pas à presser les épinards).
3. **Hachez-les grossièrement** (aux ciseaux ou au couteau). Salez et poivrez.
4. **Émiettez le chèvre.**
5. **Dans un grand plat à four beurré, posez une couche de plaques de lasagne, une couche d'épinards, une couche de miettes de chèvre et un peu de béchamel. Recommencez l'opération 1 ou 2 fois** (selon le plat) et **terminez en recouvrant de gruyère râpé.**
6. **Enfournez pour 30 min** et servez chaud, avec une salade aux noix.

POISSON TRÈS SIMPLE AUX PÂTES FRAÎCHES

Pour 4 personnes
Préparation 15 min - Cuisson 15 min
Très facile
Coût

Top des avis :

" Très simple, rapide et excellent ! **J'ai accompagné la recette de courgettes mijotées dans un peu d'huile d'olive et des herbes de Provence.** " Catimiam

" Succulent, facile et rapide, que demande le peuple ? **La cuisson au micro-ondes est surprenante, le poisson devient fondant,** c'est délicieux ! " AgreenCakeJames

" Très bon et rapide à faire ! **J'ai mélangé oignons et échalotes, et comme je n'avais pas de vin blanc, j'ai mis seulement du citron et du jus du poisson.** " Fabienne7

Astuce : Pour un plat un peu plus relevé, ajoutez un petit piment oiseau épépiné et émincé finement. Vous pouvez aussi remplacer les pâtes par du riz.

1. **Épluchez les échalotes et faites-les revenir** doucement dans une casserole avec le beurre jusqu'à ce qu'elles soient légèrement dorées.
2. **Ajoutez le laurier et un trait de vin blanc.**
3. **Faites cuire les filets de cabillaud au micro-ondes** puissance maximale 1 min et recommencez jusqu'à ce qu'ils soient cuits (cette méthode conserve les saveurs du poisson). Sinon, faites-les cuire quelques minutes au court-bouillon.
4. **Récupérez le jus du poisson, ajoutez-le à la sauce et laissez mijoter** jusqu'à obtenir la consistance voulue.
5. **Ajoutez la crème fraîche et le paprika, et laissez mijoter** quelques minutes. Salez et poivrez. Si la texture reste trop liquide, laissez mijoter plus longtemps.
6. **Faites cuire les pâtes fraîches** dans de l'eau bouillante salée.
7. Servez le poisson nappé de sauce avec les pâtes.

Cabillaud
(4 filets)
Tagliatelles fraîches
(400-500 g)

Pour la sauce :
Échalotes (1 ou 2)
Laurier (1 ou 2 feuilles)
Paprika (1 pincée)

- Beurre (30 g)
- Crème fraîche (5 c. à soupe)
- Vin blanc
- Sel, poivre

Purée de légumes surgelée brocoli, carotte, céleri (400 g)

• Œufs (3) • Lait (10 cl)
• Parmesan ou gruyère râpé (30 à 50 g) • Beurre
• Sel, poivre

recette proposée par
Aanniie

MOUSSE DE LÉGUMES RAPIDE

Pour 6 personnes
Préparation 10 min
Cuisson 30 min
Très facile
Coût

1. Préchauffez le four à 200 °C.
2. **Décongelez la ou les purées.**
3. **Ajoutez-y les œufs puis le lait.** Mélangez et assaisonnez selon votre goût. **Ajoutez le fromage**.
4. **Dressez dans un moule à cake beurré** ou dans des moules individuels puis **enfournez pour 30 min** en surveillant la cuisson.

Top des avis :
" Une explosion de saveurs ! **Je l'ai faite avec du chou-fleur et un reste de saumon fumé, le tout passé au mixeur.** "
Delphine_2172

" **J'ai monté un œuf en neige pour aérer et fait une couche de légumes verts, une couche de carottes** (sans lait dans la préparation à la carotte), **puis à nouveau une couche de légumes verts.** "
Annabelle_6

" Très simple à réaliser mais bien utile. **Manger dès cuisson pour conserver l'aspect « gonflé ».** "
Sylvie70

Astuce : N'hésitez pas à ajouter des épices en fonction des légumes choisis.

recette proposée par
Bernard_90

OMELETTE À L'OIGNON

Pour 2 personnes
Préparation 2 min - Cuisson 25 min
Très facile
Coût

Top des avis :

" Extra ! **Pour 2 personnes, je mets 5 œufs et du persil et de la ciboulette, mais pas de vin,** manque d'habitude peut-être, mais je mets un petit verre de lait. " Martine_3184

" C'est vraiment facile, il faut le dire ! Et rapide, et bon... **Je me suis permis d'ajouter des herbes de Provence.** " Laurent_737

" Délicieux ! **Très bonne recette que l'on peut agrémenter à sa guise si on le souhaite !** " Amiante

Astuce : Ajoutez des champignons émincés et/ou les herbes de votre choix.

Réaliser une omelette plate

1. Épluchez et **émincez l'oignon.**
2. **Faites-le revenir** dans une poêle avec un peu de beurre. Quand l'oignon est transparent, **couvrez (sans plus) avec le vin blanc.** Portez à ébullition pour enlever l'amertume puis laissez cuire à feu doux en surveillant.
3. **Battez 3 ou 4 œufs, salez, poivrez puis versez sur l'oignon.** Laissez prendre pendant quelques minutes et servez.

Vin blanc sec (25 cl)

• Œufs (3 ou 4) • Oignon de Mulhouse (1) • Beurre ou graisse de canard • Sel, poivre

Pommes de terre (6 à 8)
Thon au naturel (1 grosse boîte)
Cerfeuil (1 bouquet)

• Huile (4 ou 5 c. à soupe) • Ail (1 gousse) • Sel, poivre

recette proposée par
Stephanie_2151

SALADE TIÈDE AU THON ET AUX POMMES DE TERRE

Pour 4 personnes
Préparation 20 min - Cuisson 30 min
Très facile
Coût

Top des avis :

" **J'ai préféré réaliser cette salade sans thon, façon végétarienne,** et c'est une vraie réussite. "
Luciboulette

" Très bonne recette. **Il faut mettre un peu plus d'huile d'olive et de la fleur de sel à la fin.** Les saveurs sont très harmonieuses. " Tiphounette

" Recette très sympa à faire l'été. **Faute de thon, j'ai utilisé du saumon fumé.** C'est encore meilleur ! "
Kikou6432

Astuce : Vous pouvez aussi, bien sûr, éplucher les pommes de terre et les couper en rondelles avant de les faire cuire.

1. **Lavez les pommes de terre puis placez-les dans une cocotte remplie d'eau. Faites-les cuire 30 min** environ puis épluchez-les.
2. **Équeutez le cerfeuil puis hachez-le** finement.
3. Épluchez et **écrasez la gousse d'ail** sans oublier d'enlever le germe.
4. **Dans un saladier pas trop haut et assez large, versez l'huile et posez le saladier sur une casserole d'eau chaude** afin que l'huile puisse chauffer doucement au bain-marie. **Ajoutez l'ail, du sel, du poivre et mélangez.**
5. **Émiettez le thon. Coupez les pommes de terre en rondelles et mettez le tout dans le saladier.** Mélangez.
6. **Quand le mélange est un peu tiède, ajoutez le cerfeuil, mélangez** une dernière fois et servez.

PIZZA AU FROMAGE

Pour 4 personnes
Préparation 10 min
Cuisson 30 min
Très facile
Coût

1. Préchauffez le four à 210 °C.
2. **Étalez la pâte à pizza dans un plat à tarte, piquez-la avec une fourchette.**
3. **Étalez le coulis de tomates** sur la pâte.
4. **Couvrez de gruyère râpé.** Saupoudrez de quelques herbes selon vos goûts. Salez et poivrez.
5. **Enfournez pour 30 min environ.**

Top des avis :
" Merci pour cette excellente recette. Nous nous sommes régalés. **J'ai ajouté une échalote émincée dans le coulis.** " Marianne20

" Tout simplement excellente ! **Elle est encore meilleure accompagnée d'une salade.** " Apollineramier

Étaler la pâte à pizza

Astuce : Parsemez la pizza d'origan juste avant d'enfourner la pizza.

Pâte à pizza (1 rouleau)
Coulis de tomates (500 g)
Gruyère râpé (250 g)
• Basilic • Sel, poivre

Plaques de lasagne précuites (6)

Steaks hachés (2)

Sauce provençale prête à l'emploi (600 g)

- Oignon émincé (1)
- Crème liquide (20 cl)
- Herbes de Provence (2 c. à café)
- Huile d'olive (2 c. à soupe)
- Lait (4 c. à soupe)
- Gruyère râpé (50 g)
- Beurre

recette proposée par
Babette_3

LASAGNES EXPRESS

Pour 2 personnes
Préparation 10 min - Cuisson 30 min
Très facile
Coût

Top des avis :

" Je l'ai fait le matin pour le soir afin que les lasagnes s'imprègnent bien de la sauce tomate et de la béchamel. **J'ai remplacé les steaks hachés par de la farce (chair à saucisse) et mis de la mozzarella au-dessus.** Excellent ! " Soisiz_60

" C'est la première fois que je faisais des lasagnes et c'était vraiment bon ! Simple en plus ! **J'ai juste mis de la sauce bolognaise épicée à la place de la provençale et pas d'herbes de Provence.** Merci pour cette recette. " Lydouille63

" Je la fais depuis plusieurs mois et je me régale à chaque fois. **Je mets les morceaux de steaks crus directement sur la sauce : ils cuisent avec le reste.** " Lola79

Astuce : Pour une version plus familiale, prenez un plat à gratin et multipliez les quantités par trois.

1. Préchauffez le four à 200 °C.
2. Épluchez et **émincez l'oignon. Faites-le dorer dans l'huile d'olive.**
3. **Ajoutez les steaks hachés bien émiettés, ainsi que les herbes de Provence.** Laissez cuire jusqu'à ce que la viande soit grillée.
4. **Prenez un moule à cake de la taille des lasagnes (pas plus grand), et versez le lait dans le fond du moule. Mettez une plaque de lasagne, recouvrez de sauce provençale, d'un peu de viande et de crème liquide. Déposez une plaque de lasagne et recommencez les couches** jusqu'à ce que le moule soit rempli.
5. Sur la dernière plaque de lasagne, mettez simplement de la sauce provençale, saupoudrez de gruyère râpé et déposez quelques noisettes de beurre.
6. **Enfournez** pour 20 min. Vérifiez la cuisson des lasagnes en piquant avec une fourchette.

recette proposée par
MrsPeel

RIZ CANTONAIS EXPRESS

Pour 4 personnes
Préparation 6 min
Cuisson 20 min
Très facile
Coût

1. **Versez 1 volume de riz dans 1,5 volume d'eau avec 1 c. à soupe d'Arôme saveur de Maggi. Portez à ébullition.** Dès que l'eau bout, couvrez et laissez cuire à feu doux pendant 12 min.
2. Pendant ce temps, **préparez une omelette :** battez les œufs, salez et poivrez. Versez le tout dans une poêle chaude et laissez prendre. **Coupez l'omelette en petits cubes.**
3. **Une fois le riz cuit, laissez-le reposer 5 min à couvert.**
4. **Ajoutez les petits pois, les morceaux d'omelette et les dés de jambon.** Mélangez le tout et faites réchauffer l'ensemble 2 min avant de servir.

Top des avis :
" Recette très bonne et rapide. **J'ai juste rajouté un oignon que j'ai fait suer et légèrement caraméliser et un peu de sauce Worcestershire.** "
Alice_256

" C'est une recette que je fais souvent, très facile, rapide et bonne. **Je fais juste revenir mon riz dans de l'huile d'olive avant de mettre l'eau.** L'essayer, c'est l'adopter ! "
Sophie_3552

" Très bon. **J'ajoute des petites crevettes roses, ainsi qu'un petit oignon émincé, le tout revenu doucement dans un peu d'huile.** "
Didou_1

Astuce : Si vous n'avez pas d'Arôme saveur Maggi, remplacez-le par de la sauce soja.

Riz (1 volume)
Petits pois extra fins en boîte (100 g)
Dés de jambon blanc (100 g)

• Œufs (2) • Arôme saveur de Maggi (1 c. à soupe)
• Sel, poivre

Ratatouille en bocal ou surgelée (300 g)

Pâte feuilletée (1 rouleau)

Fromage de chèvre (1 bûche)

• Sel, poivre

recette proposée par
Nathalie_2085

TARTE À LA RATATOUILLE ET AU CHÈVRE

Pour 6 à 8 personnes
Préparation 5 min
Cuisson 30 min
Très facile
Coût

1. Préchauffez le four à 180 °C.
2. **Égouttez la ratatouille et faites-la réchauffer** afin que l'eau s'évapore. Salez et poivrez.
3. **Garnissez un moule à tarte avec la pâte feuilletée.**
4. **Versez la ratatouille sur la pâte.**
5. **Coupez le chèvre en morceaux et répartissez-les sur la ratatouille.**
6. **Enfournez** pour 30 min.

Top des avis :
" **J'ai utilisé une pâte brisée, ajouté des oignons et épicé avec gingembre, persil et basilic.** Superbe présentation et excellent en bouche. " Nanou191186

" Simplissime et excellent ! **Parfait pour un dîner rapide avec une salade en complément.** " Sophie_2791

Préparer une ratatouille

Astuce : Badigeonnez le fond de tarte de moutarde de Dijon.

INDEX

CRÉDITS PHOTO

Sucré Salé : Amiel : p.32, p.85, p.97 ; Bilic : p.72 ; Desgrieux : p.40 ; Food & Drink : p.31 ; Guedes : p.101, p.116, p.124 ; Hall : p.131 ; Lawton : p.66, p.70 ; Marielle : p.128, p.139 ; Radvaner : p.62, p.69, p.74 ; Riou : p.8 ; Roulier / Turiot : p.23, p.123, p.136 ; Ryman / Cabannes : p.119 ; Studio : p.11, p.15, p.16, p.19, p.24, p.26, p.28, p.35, p.39, p.43, p.44, p.49, p.50, p.53, p.54, p.57, p.58, p.61, p.65, p.77, p.78, p.81, p.86, p.89, p.90, p.93, p.94, p.98, p.102, p.105, p.106, p.110, p.113, p.120, p.127, p.132, p.135, p.140 ; Swalens : p.20 ; Viel : p.12, p.36, p.109